古代から現代まで2時間で学ぶ

戦略の教室

生き抜くための勝利の全法則

ビジネス戦略コンサルタント
鈴木博毅

ダイヤモンド社

はじめに

人類三〇〇〇年におよぶ戦略を、なぜいま学ぶ必要があるのか

歴史や古典が密かなブームとなっています。

巨視的に歴史を振り返り、もう一度歴史の教訓を学び直す人が増えています。書籍『銃・病原菌・鉄』（ジャレド・ダイアモンド著）のような、人類の歴史を大きく俯瞰する本も広く読まれるようになりました。

安易で楽観的な未来が見えない時代だからこそ、歴史の転換期からヒントを探そうとしているのかもしれません。小手先の薄いノウハウではない、人間の本質を見抜く英知が求められているのです。

本書は、孫子からナポレオン、ランチェスター、ポーター、ドラッカー、コトラー、クリステンセンまで、人類の三〇〇〇年の歴史で培われた主要戦略、戦略コンセプトのエッ

センスを一気通貫に読むことができます。

一つの戦略ではなく、戦略を歴史として俯瞰することは、転換点を見抜く力につながります。三〇〇〇年におよぶ戦略を学ぶことは、懐古主義ではなく、目の前を遮る壁を打破し、未来を築き上げる発想を過去から学び、現代に最大限活かすためです。

現代のビジネスパーソンに役立つ戦略を歴史から厳選

本書は古代の軍事戦略から現代の経営戦略まで、古今東西の主要戦略のポイントを抜き出し、分類・整理した本です。転換点に悩む経営者、チームを率いて成果を出すべきリーダー、何が何でも結果を出したいビジネスパーソンなど、あらゆるビジネスの問題を解決したい方にとって役立つ内容になっています。

人類三〇〇〇年の歴史には、膨大な数の戦略が眠っています。現代日本人のために、ビジネスシーンに役立つ戦略を選び出し、使いこなすことが、この本の最終目標です。

- **古代の戦闘における攻撃法やリーダーシップ**
- **近代の戦争における勝敗を左右する軍事戦略**

・組織を効果的に機能させる運営法
・効率化を最大化する生産ラインの管理法
・市場でライバルに打ち勝つ競争戦略
・ビジョンを描き、働く人のモチベーションを高める戦略
・古い固定観念を打ち破るイノベーション戦略

これらの戦略を、現代のビジネスパーソンが実際の現場でも使えるように解説していきます。

現代は誰もが戦略思考を求められる時代です。解決を望みながら、方法が見つからず放置していた課題。それらを打破する戦略を、本書を通していくつも発見できるはずです。

個人の体験を大きく超える英知を、数多くの戦略から身につける

歴史小説『孫子』（海音寺潮五郎著）には、「兵法学者」と「兵法家」という二種類の人間が出てきます。「兵法学者」は教科書をそのまま暗記する人を意味し、「兵法家」は兵法を柔軟自在に操る人を指しています。

戦略は、使えずに単純に教養として知っていても無意味です。

極力、戦略の要点をまとめ、読者が使える形に整理したのはそのためです。

個人の体験を大きく超える英知を身につけることも本書の大きな目標です。古代兵法書の『孫子』を、マイクロソフト元会長のビル・ゲイツや故松下幸之助が愛読したことは、そこに、最新ビジネスにも通じる大きな知恵があると見抜いたからではないでしょうか。

あらゆる時代の、閉塞感を打破した戦略家の思想から学べば、私たちは新しい未来を切り拓くことさえできるでしょう。

古代の戦闘と現代ビジネスに共通する戦いの「勝利の法則」

新たな戦略は、過去への学びから生まれます。紀元前五世紀に活躍した孫武、紀元前四世紀のアレクサンダー大王は、彼らの時代にすでに過去だった戦史から学びました。『孫子』は今から約二五〇〇年前の著作ですが、そこにはそれ以前のさまざまな人類の英知が反映されています。本書が〝三〇〇〇年〟として戦略の歴史をテーマにするのは、このような理由からです。

では、軍事戦略やビジネス戦略に共通することとは何か。

それは、人間同士の戦いにおける不変の本質です。

戦争と、競争に勝ち抜くための現代経営戦略。そこには同じ真剣勝負の駆け引きがあります。

本書は、多くの戦略の分析とエッセンス化を通じて、隠された戦いにおける「勝利の法則」を、誰でも見える形に変えていきます。

その戦略は、相手に勝つために、どのように立案されたのか。

なぜその戦略が組み立てられ、どのような戦場であなたの役に立つのか。

戦略の力は一つの国家を消滅させ、巨大帝国をつくることさえ可能にします。三〇〇〇年の昔から現代まで、戦略は無数の血と涙を流させ、栄光をつくり上げてきたのです。

戦略とは本来、本当の姿を知ることで、背筋が冷たくなる存在です。あらゆる時代、あらゆる国家の栄枯盛衰を生み、支配する力を発揮したのですから。


みなさんはいま、どんな戦場で戦っていますか。

敵の騎馬部隊が迫りくる、蹄《ひづめ》の音が聞こえていますか。

敵と味方の陣営が狂ったように撃ち合う、大砲の轟音が聞こえていますか。

生死の狭間に、ありったけの力で剣をぶつけ合う金属音が聞こえますか。

膨大な人の生死が、一族の名誉が、愛する者の運命が、あなたの戦略にかかっています。轟音と雄叫びと悲鳴が満ちる戦場を、あなたがいま変えなければいけません。突破口を生み出す唯一のカギは、あなたの戦略です。味方の誰もがあなたの顔を見つめ、戦場の恐怖にじっと耐えて指示を待っているのです。

戦略思考を鍛えたいビジネスパーソンから、会社の進路を決める経営者、チームの閉塞感を打破したいリーダーまで、本書は戦略の歴史を通じて解決策を提示します。

戦略とは、開ける方法がなかったドアをこじ開けるツールとして、人類が生み出したものです。本書が、読者のみなさんの望ましい未来への扉を開ける、最強の戦略書になることを心から願っています。

二〇一四年七月

鈴木博毅

古代から現代まで2時間で学ぶ

戦略の教室

目次

第2章 戦況を決定づける軍事戦略

第5章 突出した成果を出す目標達成戦略

第8章 強い組織をつくるマネジメント戦略

第9章 ルールを変えるイノベーション戦略

第10章 新たな生態系を生み出す21世紀の戦略

第 1 章

勝敗を分ける
リーダーシップ戦略

01

逆転戦略

孫武「孫子」
敵の意表をついて小が大に勝つ

なぜ、三万の呉軍は二〇万の楚軍に勝てたのか？

二五〇〇年前に出現した、一人の天才軍略家

最強の「戦略書」といえば『孫子』を思い浮かべる方も多いのではないでしょうか。ビル・ゲイツ、孫正義、松下幸之助など著名人が愛読したことでも有名な書です。

古代中国、紀元前五〇〇年ごろに「呉」と呼ばれた国がありました。呉国で重職だった伍子胥《ごししょ》という人物の推挙で、孫武は呉の将軍となったのです。

『孫子』は、戦争指導に活躍した孫武が書いた、全一三編の戦争戦略を記した書籍です。紀元前五〇六年には隣国の楚と戦争を行い、孫武の見事な陽動作戦で数倍の敵に勝利。さらに進撃して五戦五勝、たった一〇日で楚の首都を陥落させてしまいます。

孫武が呉にいるあいだ、呉は周辺諸国ににらみをきかせる強国であり続けました。最強の戦略書である『孫子』は、現代の私たちにどんな示唆を与えてくれるのか。二五〇〇年前に出現した、一人の天才軍略家の思想を分析してみましょう。

現代ビジネスに通底する「兵は詭道」という基本思想

『孫子』の第一編（始計《しけい》）では、次のように書かれています。

「戦術の要諦《ようてい》は、敵をあざむくことである。たとえば、できるのにできないふりをし、必要なものを不要とみせかける。遠ざかるとみせかけて近づき、近づくとみせて遠ざかる。有利とみせて誘い出し、混乱させて撃破する。（中略）敵の弱味につけこみ、敵の意表を衝《つ》く。これが戦術の要諦である」（村山孚訳『中国の思想 孫子・呉子』より）

孫武は、強国の楚の戦力を削《そ》ぐため、国境に何度もニセの奇襲を行います。驚いた楚軍が駆けつけると退却する作戦を数年も繰り返したのです。楚の軍隊はこの陽動作戦ですっかり疲弊しました。

その上、決戦の際には楚軍が防備を固めた陣地に突撃すると見せて、孫武は素通りし、楚の首都に向かうという情報を流します。予想外のことに慌てて追いかけた楚軍は、決戦の場所に到着したときは疲労困憊《こんぱい》で、軍勢の少ない呉軍にさんざんに負けました。

楚軍二〇万人に対して、呉軍は三万人で勝つ、劇的な勝利を収めたのです。

孫武の戦略、二つの重要ポイントとは何か？

『孫子』の「始計編」や実際の戦いから、彼の戦略は二つの大きなポイントを持っていることがわかります。

①張り合うことで敵が疲弊するポイントを攻める

おとりの作戦とも知らず、楚軍は何度も出撃を繰り返し疲弊しました。相手が張り合おうとすると、途端に疲弊する要素を攻めることが孫武の戦いのポイントになっています。

②相手の強みとは違う場所で勝負する

楚軍は決戦の場所と考えたところからおびき出され、孫武の呉軍が準備万端で待ち受ける戦場に移動せざるをえませんでした。

二つのポイントは相互に関連し、同時に行われると敵は手も足も出ません。

近年、飲食業界で大きな話題の人気店「俺のフレンチ」「俺のイタリアン」は、孫子の戦略と重なるビジネスの典型例です。

中古書籍販売のブックオフ創業者、坂本孝氏によるこのレストランは、他の飲食店がマネしたくてもできない、張り合えば必ず疲弊するモデルとなっています。

「一流の料理人が、一流の食材を使い、しかも低価格」。一般的な飲食業の原価率三〇％を大きく超えて、原価率六〇％で食材を提供しています。

なぜこれが可能なのか。立ち飲みスタイルの採用で、テーブルの回転率を高めているからです。同じ床面積で座席数は二倍、一日の回転率は三倍近くとなり、食材の原価率を二倍にしても採算が合うのです。

しかも料理するシェフは、高級ホテルで修業した一流の職人たち。高級店は、これほどの回転率はありえないので、原価率で対抗すると赤字になり、張り合うなら疲弊せざるをえません。

また、フレンチレストランにも関わらず「リーズナブルでおいしい」という強みは、高級フレンチの「雰囲気がいい」「特別な会食」という強みとは明らかに違う場所で勝負しています。肩が触れ合うようなスペースで、立ちながら食事を楽しむのですから。

同様な仕組みに、品質を重視する業界にスピードで勝負をかけ、受注率と利益率を同時に高める攻め方もあります。

住宅関連など、見積りに数日から一週間かかる商品に、ネット専門の返信部隊を配置し、二四時間以内に概算見積りを出す企業があります。他社は「品質や丁寧な対応」が勝負と考えているので対抗できず、このスピードでは古い体制の営業部隊は疲弊するだけです。

初回のメール返信が別部隊のため、以降を担当する営業マンの負担が軽くなり、複数案件の担当を容易にしています。見積りが一番早く届くことで受注率を高め、担当者が多数の案件を管理できることで、利益率も上げることができています。

張り合うと疲弊するポイントを攻める。相手の強みとは違う場所で勝負する。敵にしてみれば「最もイヤな攻撃」です。戦略の始祖とも呼べる孫武の手法は、相手のある競争を前提とした戦略として、えげつないながらも極めて効果的だといえるでしょう。

「小が大に勝つ」には、大が反撃を躊躇する手段が小に不可欠です。相手ものんびりこちらの活動を眺めるだけではないからです。大は元気な小が伸びることを阻止すべく必ず動きます。「小が大に勝つ」には、孫子の二つの戦略が極めて重要になるのです。

戦争の歴史から生まれた冷徹な原理原則

『孫子』は戦争、民族や国家の存亡を賭けた戦闘に勝つことを目的に書かれていることで、極めて冷徹かつ、徹底したリアリズムを持っています。

ここでは、『孫子』の中でも特に有名な指摘を四つ抜き出しておきます。

①「目的は勝利であって戦いではない」

戦争は勝つことが目的であって、戦うことが目的ではない。勝利しても、当初の目的が達成できなければ結果は失敗だと指摘しています。手段に溺れ、大切な目的を忘れてはいけないのです。

②「百戦百勝するは善の善なるものにあらず」

一〇〇回勝ったとしても、それは最上の勝利ではなく、戦わずして相手を屈服させることこそ、最上の勝利です。戦上手は、武力に訴えることなく敵軍を屈服させ、城を攻めることなく陥れ、長期戦を行わずに敵国を滅ぼすのです。

③「敵を知り己を知れば百戦危うからず」

敵を知り己を知れば、絶対に負ける心配はなく、己を知って敵を知らなければ、勝敗の確率は五分と五分。敵を知らず己も知らなければ、戦うたびに危険な目にあうのです。

④「まず勝ちてのち戦う」

本当の戦上手は、まず勝ちうる条件をつくり、自然に勝つ。確実な方法で勝ち、打つ手打つ手がすべて勝利に通じる。勝敗は、まず勝利の条件を整えてから戦争を始めるか、まず戦争を始めてから勝利をつかもうとするかが分かれ道。勝利を収めるのは常に前者なのです。

相手が一番嫌がる戦略を選び、会戦の前に勝利を決める

孫武は二五〇〇年前に、勝者と敗者の違いを観察し続け、両者の違いをその書に残しました。現代ビジネスマンは「戦争の火攻め」の方法を学ぶことはなくても、孫武の観察眼

が解明した「勝者と敗者の違いによる、勝負の基本原理」の発想を学べます。

張り合うと相手が疲弊する勝負を仕掛けるなら、相手はこちらの攻撃を、指をくわえて見ているしかありません。相手の強みと違う要素で勝負することは、相手の強みを無効化することです。さらに、戦いを始めてから考えるのではなく、勝つための仕組みの準備は、すべて勝負を始める前に完了することを孫武は常に強調しています。

敗北すれば国家が亡ぶ古代中国の戦略は、勝利への純粋な冷酷さと執念があります。

二つのポイントを軸に、相手が「手も足も出ない」状態で完勝する。やみくもに勝負を始めず、完璧に勝つ状態をつくり上げてから作戦を開始する。孫武の指摘は二五〇〇年を経ても、いまだ輝きと示唆を失っておらず、時代を超えた「最強の戦略書」に相応しい提言がなされているといえるでしょう。

孫　武

紀元前五〇〇年ごろに、中国の呉で将軍となる。兵法書『孫子』の著者。『孫子』は三国志の曹操、毛沢東などが愛読したことでも有名。呉は強国だったが、孫武の引退後、越により滅亡。

02

突破戦略

アレクサンダー大王「東方遠征」
短期間で一気に領地を拡大する

なぜ、アレクサンダー大王は巨大帝国をつくれたのか？

西洋文明最大最強の英雄

カエサル、ナポレオンなど、西洋史で大きな足跡を残した人物が「彼こそ真の英雄」と憧れた人物がいます。巨大帝国をつくり上げたマケドニアのアレクサンダー大王です。

古代ローマ帝国の黄金期をつくったカエサルが、三一歳ごろに「アレクサンダーは同じ年齢の頃、あれほど多くの国々を征服していたのに、自分はなに一つ世に残る仕事を成し遂げていない」と嘆いたほどの人物です（鶴見祐輔訳『プルターク英雄伝』より）。

ペルシャの圧政に苦しむエジプトを解放し、ファラオ（君主）の称号を得て、巨大都市アレクサンドリアを建設。東方遠征でインド洋に到達し、イスラムや中国の古代文明にまで、ある種の英雄伝説を残したほどの影響を与えました。

西洋文明最大最強の英雄の強さの秘密とは、一体何だったのでしょうか？

巨大帝国を築いた「三つの突破力」とは？

空前の巨大帝国を生み出すためには、どんな戦略が必要だったのでしょうか。

さまざまな歴史書、研究書を総合すると、次の三つの突破力が浮かび上がります。

①定石を別のアプローチで攻略する
②部下を挑戦させ続ける強いリーダーシップ
③統治規模を拡大するための工夫

①定石を別のアプローチで攻略する

私たちは社会生活の中で「定石」「これまでの方法」を自然に身につけます。ところが、先行者もすでに「定石」に精通していると、「定石」では効果的に倒せません。

大王は、東方進軍には巨大なペルシャ海軍（二〇〇隻以上の大艦隊）が障害になると判断しました。大王側には海軍力が皆無だったからです。通常ならば、対抗するために膨大な歳月と費用をかけて大艦隊をつくるところです。

しかし、大王は「海軍を地上戦で破る」驚くべき方法を選びます。船が真水の補給に必要な、海岸沿いの水源地をすべて攻略し、膨大な時間と費用をかけずに進軍したのです。

地中海の都市、テュロス攻略も「定石をくつがえす」、大王の異才が発揮された戦闘です。陸から一キロ離れたテュロス島は、真水が地下から湧き、高い城壁に囲まれ、ペルシャ海軍も攻め落とせない都市でした。

海軍を持たない大王は陸から一キロを埋め立て桟橋にして、難攻不落の海上都市テュロスを陸軍で陥落させ勝利します（現在テュロスは離島ではなく岬になっている）。

トップのビジネスをそのまま真似ても、トップを追い越すことはできません。先行者を超えるには常識や固定観念を破る、別のアプローチが必要なのです。創業一〇〇年のライバルを超えるには、「伝統」で勝負できないことに似ています。

アレクサンダー大王は、直面する問題に別のアプローチで突破する天才でした。「定石」を離れて思考できたことで、先行する他者を破り巨大帝国をつくったのです。

②部下を挑戦させ続ける強いリーダーシップ

人は自らが苦労して手にした富や地位を「楽しみたい」と願うものです。勝った軍隊や成功者ほど、現状維持の誘惑に惹かれます。

しかし大王は、自分が「富を楽しむ」ことに執着せず、挑戦への激烈な情熱を保持し、兵士を駆り立てました。

大王が兵士を挑戦させ続けた三つの方法

①自らが強烈な克己心を発揮し先陣を切って戦う
②さらに先の未来を周囲にイメージさせる
③逃げ場を先になくしてしまう

「安楽な生活は奴隷にふさわしく、厳しい生活こそ王者にふさわしい」（森谷公俊著『図説 アレクサンドロス大王』より）との言葉で、戦勝が続いて贅沢になる部下をたしなめたほど、大王は克己心に溢れた人物であり、彼の空気は周囲に伝染しました。

挑戦を続ける難しさは、ビジネスを含めたあらゆる人間活動に共通します。対策として、小さな成功で中だるみをする前に、新たな未来ビジョンを発表する、海外進出の計画を先に決め、社長が直接指揮を執るなども効果を発揮するでしょう。

克己心の塊である大王が、常に先陣を切って戦うのです。彼に感化されたマケドニア軍は、小さな勝利による失速や慢心をはねのけ拡大の行軍を続けました。

③統治規模を拡大するための工夫

一般的に小規模な店舗のオーナー経営者は、最大で三店舗が限界といわれます。経営者自身が、店舗に直接関わらないと、従業員をうまく管理できないからです。

一方で世界の巨大企業、例えばコンビニのセブン‐イレブンは世界中で五万店以上、ハンバーガーのマクドナルドは、世界で三万五〇〇〇店を展開しています。

世界帝国への進軍でも、統治規模は大きな問題でした。戦闘で征服しても、軍隊が離れるとすぐ反乱が起こるからです。では、なぜ大王は領土を継続拡大できたのでしょうか。

大王の三つの統治拡大策

①味方を生み出す提携関係
②圧倒的な優位や権威を広める
③解放者の旗印を掲げる

大王は、武力で圧倒しながら、負けたペルシャ人たちを差別的に扱わず、統治機構に組み入れてうまく味方に引き入れました。さらにペルシャの圧政から諸部族を解放する「解放軍」を自任したことで、大王の軍を歓呼して迎えた都市もありました。

「圧倒的な優位や権威」の誇示と、「味方を生み出す提携関係」は、現代のフランチャイズビジネスで、本部が広大なエリアに加盟店を募る姿に酷似します。また多くのサービスや製品は、何らかの形で顧客を解放する点をアピールしています（冷凍食品は主婦を食事の手間から〝解放する〟商品として開発された）。

三つの要素から、アレクサンダー大王が武勇一点張りの英雄ではないことがわかります。彼は巨大帝国を築く情熱と合理性を兼ね備えた、稀有な人物だったのです。

ビジネスにも使える大王のリーダーシップの極意

人を動かし、挑戦させ続けるリーダーシップは、ビジネスでの成功にも不可欠です。マイクロソフト創業者のビル・ゲイツやアップル創業者のスティーブ・ジョブズは、部下をなだめたり脅したり挑発することで、製品開発に勝ち抜いてきたことはよく知られています。

彼らは大きな未来を思い描き、ビジョンを相手に共有させることで動かしました。

アレクサンダー大王も、ギリシャ世界を代表してペルシャ帝国を倒す自軍のイメージを全軍に共有させていました。大王は部下に「マケドニアの栄光を背負う征服」に参列する〝誉れ〟を常に語り、英雄と共に見る輝かしい夢に浮かされて兵は進軍したのです。

大王はその上で、自ら行動で率先する指導力を発揮しています。大きな未来を描き、それを部下に共有させながら、リーダーとして前線を引っ張っていったのです。

部下に壁を突破させるのに、自分はぬるま湯に浸かり何もしないで済むはずがありません。部下を奮戦させるため、大王は未来へのビジョンと行動力を誇示し続けたのです。

アレクサンダー大王

紀元前三三六年生まれ。マケドニア王フィリッポス二世の息子。父が暗殺され二〇歳で王位につく。東方遠征では四つの大戦争に勝利、エジプトからインダス川までの巨大帝国をつくり上げる。

03

人心掌握戦略

「正しい目標」を掲げて人を動かす

ニコロ・マキアヴェリ「君主論」

リーダーが身につけるべき「生き残るための条件」とは？

一国の外交を取り仕切る立場からすべてを失う

祖国を愛する偉才が、一国の外交官として、才能を存分に働かせていた日々から、突然すべてを奪われ、小さな山荘に閉じこもる生活を強いられたら……。

約五〇〇年前、諸国に派遣され、抜群の頭脳で祖国フィレンツェを戦火から守り続けた人物がいました。彼の名は、ニコロ・マキアヴェリ。『君主論』の著者です。

フィレンツェ共和国で内政・軍事を扱う第二書記局の長となったマキアヴェリは、小国である祖国の外交官として活躍します。しかし一五一二年、ドイツやスペインの連合軍により共和政は崩壊。彼は職を失い、街から追放されてしまいます。

外交の最前線から離れた彼が、経験と構想のすべてをまとめたのが『君主論』です。『君主論』は、権力の舞台に返り咲く武器にもなるとマキアヴェリは期待していました。そのため、当時フィレンツェで権力の座にいたメディチ家に向けた体裁をとっています。『君主論』は欧州から世界に広がり、現代でも研究の対象となっています。「自らの集大成」はマキアヴェリの名を不滅のものにしたのです。

小さな国家は、リーダーに統率力がなければ生き残れない

目的のために手段を選ばないという意味で「マキアヴェリズム」という言葉が現代でも使われるほど、この人物の思想と『君主論』は広く浸透しています。その特徴は、ひとことで言えば「美化を排除した現実認識」にあります。

「人が現実に生きているのと、人間いかに生きるべきかというのとは、はなはだかけ離れている。だから、人間いかに生きるべきかを見て、現に人が生きている現実の姿を見逃す人間は、自立するどころか、破滅を思い知らされるのが落ちである」

「加害行為は、一気にやってしまわなくてはいけない。そうすることで、人にそれほど苦汁をなめさせなければ、それだけ人の恨みを買わずにすむ。これに引きかえ、恩恵は、よりよく人に味わってもらうように、小出しにやらなくてはいけない」（共に池田廉訳『新訳 君主論』より）

なんとも辛辣な言葉ですが、現実社会の一面の真実を暴いているようでもあります。

マキアヴェリと『君主論』の論旨は、人も組織も、国家さえもタテマエでは動かない、ということです。理想論や単なる人情論ではなく、現実の中で役立つ指導力を発揮しなければ、厳しい世界でリーダーはとても自分の立場と組織を守れないのです。

正しい目標を掲げ「あなたの地位も安泰ではない！」と告げよ

ビジネスで『君主論』を使う場合、典型的なケースは次のようなものです。

- 組織と人を動かし成長させる「正義」を掲げ、指導力の基礎とする
- いままで地位が安泰だと思いのんびりと過ごした人たちに「あなたの地位も安泰で

はない！」と告げて発奮させる

京セラの名誉会長で、日本航空（ＪＡＬ）を再生させたことでも有名な稲盛和夫氏は、会社の理念を「全従業員の物心両面の幸福を追求すると同時に、人類の進歩発展に貢献する」と決めたあと、はじめて社員を叱ることが可能になったと著書『こうして会社を強くする』で述べています。

それまで社員が働くこと自体が正義だったのですが、理念を決めたあとは、理念に一致しない働き方に対して、「怠けていると厳しく叱る」ことができたのです。

衣料品のユニクロ（ファーストリテイリング）を世界企業に育てた柳井正氏も、非常に厳しい経営方針、人材へ高い期待をかけることで有名ですが、その正義は「グローバルで戦える企業となる」ことです。この目標に沿った働き方であるか否かで、ユニクロ内では従業員への対応をより厳格にし、高い基準を社員に課しています。

「君主は自ら仕掛けよ」とはマキアヴェリの言葉ですが、現代ビジネスでも、非情であっても正しい目標を掲げなければ、人と組織は動かせないことが多いのです。

何もしないリーダーに統率力はありません。正しい目標を掲げることは、時に厳しさと映りますが、組織に指針を与え、目標へ動かすため必要なことなのです。

目標がなければ必ずぬるま湯が生まれます。古株の社員さえも「安泰ではない」と焦る新たな目標を掲げるなら、怠惰を許さず全力疾走させることができるのです。

これを非情、冷たさと考えるのは、『君主論』が説く現実がわかっていない証拠です。愚かなリーダーが、優しさや甘さで国家や会社を潰したとき、そこにいる人はすべて殺されるか、路頭に迷うことになるのですから。

リーダーが身につけるべき「生き残るための条件」

冷酷な統治術や、人心掌握術ばかりが有名な『君主論』ですが、全体を俯瞰すると、リーダーが学び、行動に活かすべき要素をバランスよく論じていることがわかります。

ここでは本書なりに『君主論』の七つの要素をまとめてみます。

①「君主は歴史上のリーダーの成功と失敗から学べ」

多くの場合、君主が直面する選択は、すでに「過去のリーダーが答えを出した成功事例と失敗事例」があるのだから、重要な参考にすべきである。

②「状況こそが、常に最善手を決める」

用意周到な二人の人物がいても、一人が成功しもう一人が失敗するように、成功と失敗は「時代や状況と合致しているか否か」で決まる。栄枯盛衰も同じで、忍耐強い君主も時代が合えば繁栄するが、状況が変化すれば衰える。これは君主が生き方を変えないためで、即応できる賢明な人間は稀である。

③「人を従わせるリーダーは、恨みを買うことなく恐れられよ」

愛されてかつ恐れられることが理想だが、両方できないときは、君主は「恐れられる」ほうがいい。鷹揚《おうよう》な態度を見せると相手は甘く見て、たまに必要な厳しさを発揮すると反発される。一方、日ごろ恐れられている君主は、稀に鷹揚さを見せると人は慕うもの。愛されないのであれば、恨みを買わずに恐れられることが最上である。

④「国を守るための冷酷さを発揮せよ」

国を守り秩序を維持するため、冷酷さを発揮する人は、それで国が保たれるならむしろ憐れみ深い人である。悪名を免れるため国を混乱に陥れる者は、全領民を傷つける悪である。名将ハンニバルは多くの人徳と、過激な冷酷さを併せ持ち大軍を統率した。

⑤「運命は抵抗力がないところほど猛威を振るう」

この世のことは、たいてい運命に支配されているが、だからといって「宿命にすべてをゆだねる」態度で、人間の自由意志を奪われてはならない。運命が半分を思いのままに決めても、あとの半分は運命が我々の支配に任せているからだ。運命は抵抗力のないところに猛威を振るうから、「自らの意志」を発揮せよ。また、運命の女神が持つ「機会」を活かすには、荒々しい行動力が有効である。

⑥「民衆の気まぐれに頼るのではなく君主は自ら仕掛けよ」

愛情は相手の気まぐれに頼らなければいけないが、恐れられることは君主自らが仕掛けて能動的に行える。支配者は自らの立場を守るため、幸運に頼るのではなく、自ら仕掛けてその地位を強固にしなければならない。

⑦「平時にこそ、先を見据えて問題に備えよ」

天気のいい日に、嵐のことを想像しないのは人間共通の弱点だが、君主である者は、問題が起こる前にそれを考えておき、問題が小さなうちに素早く対処すべきである。病気と同じく、それと明確にわかるときにはすでに手遅れなのだから。

『君主論』は、「君主としての優れた演技」の必要性を強調しています。いい人になることが領民を傷つけ、国を失うことにつながるなら、むしろ「悪をうまく演ずる君主」のほうが領民は幸せだという理論です。

「状況こそが最善手を決める」「運命は抵抗力がないところほど猛威を振るう」などの指摘は、外交の最前線で体験した、世界の現実を反映した思想を強く認識させます。リーダーは常に、組織の外にある「生き残るための条件」に目を光らせるべきなのです。

優秀な人ほどライバルから敵対視される

マキアヴェリは残念ながら、失脚後、二度と権力の中枢で活躍できませんでした。復活したメディチ家に写本を送るも返答はなく、次の当主ジュリオ・メディチが彼に与えた仕事は「フィレンツェ史」を書くことだったのです。

なぜ、彼の目論見は失敗したのか。『君主論』でイタリア統一への英雄的な君主がいま、求められていると自らの理想を述べていますが、これは彼が出会ったチェーザレ・ボルジア（当時すでに戦死）が模範であり、一方でジュリオはチェーザレほど英雄的な人物ではなく、マキアヴェリの理想は重すぎると感じたであろうこと。

また、メディチ家を打倒した、新共和政府側にしても、『君主論』を書き上げたほど冷徹で優秀な頭脳を持つマキアヴェリが新政府に入れば、自分の地位が奪われると恐れた人が大勢いて、彼を遠ざけることが利益と判断したであろうことが挙げられます。

理想を持つ人間は為政者の純粋な道具になりきれず、あまりの優秀さを隠さず見せたなら、強力なライバルと見なされて遠ざけられる。彼ほどの人物が、自分の姿がどう見えるかをわからず、メディチ家に取り入った矢先に「共和政に戻る」という運命の冷たい仕打ちも重なり、絶望の中で夢を果たせずにこの世を去ってしまったのです。

マキアヴェリ

一四六九年生まれ。イタリアのフィレンツェで第二書記長に抜擢され、外交で活躍。一五一二年に神聖ローマ帝国の進攻で政権が崩壊。街から追放された彼が執筆した書籍が『君主論』となる。

第2章

戦況を決定づける
軍事戦略

04

兵力最大化戦略

凡人を最強兵力へと変える仕組みづくり

ナポレオン・ボナパルト「革命戦争」

ナポレオンは、危機に打ち勝つ組織をどのようにつくったのか？

なぜ、負け続けたフランス軍は逆転できたのか？

一七八九年、人類史上、稀な大変動がフランスで起こります。人間の自由と平等を掲げ、生まれによる差別を打破するフランス革命の勃発です。

それまでのヨーロッパは、「聖職者」「貴族」「平民」の三つの階級による身分制度の社会でした。身分制度を守りたいイギリス、オーストリアなど列強諸国は、人間の権利が平等であり、国家は国民のものとするフランス革命を恐れて干渉を続け、ついにフランス革命政府は一七九二年四月、オーストリアに宣戦布告します。フランス革命戦争の始まりです。

この戦争は「自由と平等」を掲げて、新たな社会体制を築いたフランスと、貴族と聖職者に都合のいい、古い社会体制を維持したい欧州諸国との戦いでした。

しかし、自ら宣戦布告したフランス革命政府は、緒戦で負け続けます。将軍・士官だった貴族が革命で海外に亡命して、指揮や統率が混乱していたからです。

八月にはプロイセン軍、オーストリア軍がフランス領に進攻する危機となり、革命政府は家柄や身分による肩書を廃し、戦果を挙げた者を将軍に登用する方針に切り替えます。

他国の侵入により、フランス人の祖国愛は高揚し、義勇兵が続々と前線に向かいます。革命政府の新方針で、兵士の士気は最高潮に達し、フランス軍は戦況を逆転させます。

このフランス革命戦争で登用された将軍の一人がナポレオンです。彼が皇帝になったのち、元帥として彼の部下となる将軍たちも、多くはこの革命戦争に革命政府側として参加して、実力で昇進した人物だったのです。

危機的状況を乗り越えた「命をかけて戦える軍団」

フランス革命を危険視した欧州各国は、一七九三年、第一次対仏大同盟を結びます。参加国はイギリス、オーストリア、オーストリア領ネーデルランド（ベルギー、ルクセンブルク）、プロイセン王国、スペイン、ナポリ王国、サルディニア王国です。

多くの王政国家からの宣戦布告で、窮地に陥ったフランスは、同年の八月に「国家総動員」を発令、国民の各階層からの徴兵により、兵士は新たに一二〇万人、傭兵が軍の主力だった他国に比べ、フランス軍は巨大な兵力を持つ国民軍に様変わりします。

大兵団を統率するため、陸軍大臣ラザール・カルノーは軍制改革を行い、個別に独立作戦行動を可能にする「師団」制度をつくります。

それぞれが自己完結型で作戦・補給を展開する師団制度は、巨大な兵力で多数の敵と戦うフランス革命戦争に不可欠な組織管理体制であり、カルノーの軍制改革はナポレオンに引き継がれ「軍団」となり、次第に欧州諸国の軍事制度を変えていきます。

最終的にナポレオンを破ったプロイセンのクラウゼヴィッツは、「王族による戦争は、傭兵を使う半ば八百長試合だったが、ナポレオンはフランスのために命をかける兵士を育て、敵を殲滅《せんめつ》するまで戦う戦争に変えた」と指摘しました（大橋武夫著『クラウゼヴィッツ兵法』より）。

革命戦争で危機的な状況に追い込まれたフランスは、制度と組織管理の革新を成し遂げたことで、大逆転に成功したのです。

「当事者意識」「徴兵制度」「圧倒的な機動力」という三つの威力

ナポレオンが欧州を席巻した原動力は、大きく三つありました。

①フランス革命で国民の「当事者意識」が高まった
②大軍を出現させた「国民徴兵制度」の導入
③師団をさらに改善した「軍団制度」の遠征力と機動力

①フランス革命で国民が「当事者意識」を高めた

国王に金で雇われた傭兵が戦争を行うことに比べ、人間の自由と平等を掲げたフランス革命では、フランス人が「自ら祖国のため」に戦い、決死の覚悟で勇敢に戦闘を行いました。身分ではなく戦功で出世できることも兵士の士気を高めたのです。

②大軍を出現させた「国民徴兵制度」の導入

職業軍人による戦闘では欧州中の敵国に対抗できないと判断したフランス政府は、国民徴兵制度で他国が想像できないほどの巨大な兵員を手に入れました。前線の兵力を巨大化する制度を最初に実施した効果が発揮されたのです。

③師団をさらに改善した「軍団制度」の遠征力と機動力

軍の規模が二〇万人を超えたときから、師団をグループ化して軍団としました。例えば、一一個師団を四つの軍団とするなど（松村劭著『ナポレオン戦争全史』より）、複数の師団で進軍し、一つの師団が敵に遭遇した場合、各個に反撃して敵を食い止め、そのあいだにナポレオンの指揮で他の師団が、足止めした敵の側面か背後を衝く。複数師団を機動的に活用する戦術で各国軍を撃破しました。

師団制度はビジネスの「事業部制」に似ています。一つの製品、一つの顧客に絞って、独立採算性をとっている点も、補給部隊まで個別に持つ師団に類似します。

軍団は、複数の師団がグループ化されたものなので、いくつかの事業部をまとめて関連会社化した、と考えるとわかりやすいでしょう。各敵に集中できる組織としたのです。

ナポレオンの軍事的天才も、彼の勝利の原因だと思われますが、歴史を振り返るとき、この三つの社会変化や制度改革が、フランス軍の初期の栄光に大きく貢献したことは間違

ナポレオンの師団制度・軍団制度

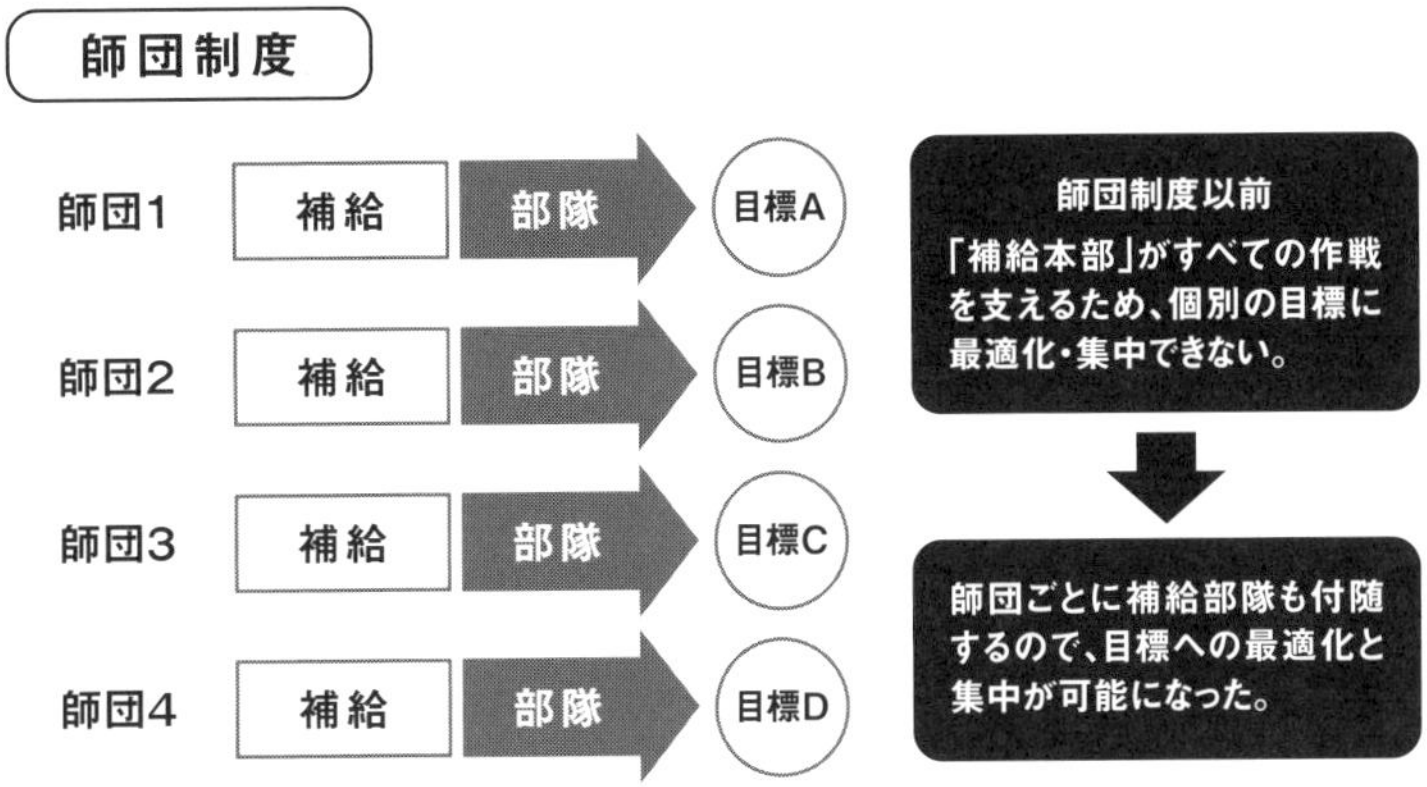
師団制度
師団1
補給
部隊
目標A
師団2
補給
部隊
目標B
師団3
補給
部隊
目標C
師団4
補給
部隊
目標D
師団制度以前
「補給本部」がすべての作戦を支えるため、個別の目標に最適化・集中できない。
師団ごとに補給部隊も付随するので、目標への最適化と集中が可能になった。

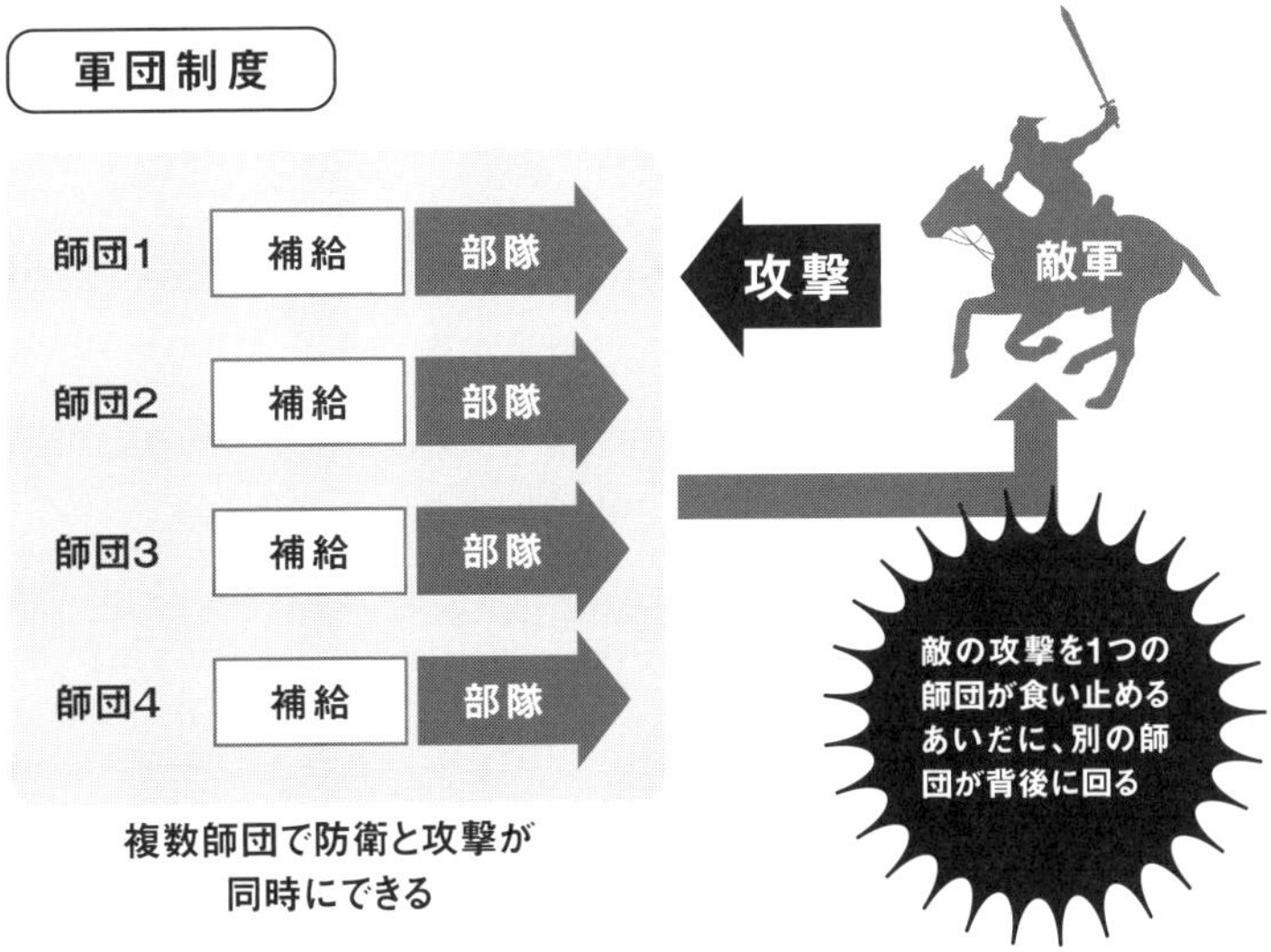
軍団制度
師団1
補給
部隊
師団2
補給
部隊
師団3
補給
部隊
師団4
補給
部隊
攻撃
敵軍
敵の攻撃を1つの師団が食い止めるあいだに、別の師団が背後に回る
複数師団で防衛と攻撃が同時にできる

いありません。なぜなら、ナポレオンのフランス軍がこの三点の優位性を失ったとき、勝利が消え、敗北の辛酸をなめることになったからです。

フランスは国民徴兵制度で膨大な若者を戦場へ投入しましたが、のちに各国が徴兵制や愛国者によるゲリラ戦を繰り広げたころには、フランス国内で若い男性が不足するほど社会が疲弊し、徴兵を継続できない状態になっていました。

三つの優位点が消えたとき、天才ナポレオンでも、態勢を挽回できなかったのです。

欧州を制覇しながら、若いフランス兵は戦闘で次々死んでいき、最終的には国家衰退の大きな原因となりましたが、ビジネス組織では、働く社員の高い当事者意識や、他社に優越する制度の確立は勝利の大きな原動力です。

そのような意識と制度を持つビジネス組織に、カリスマ性を持つリーダーが組み合わさるとき、やはり巨大な勝利が成し遂げられるのではないでしょうか。

個人の意識を高め、他社より速い行動力を持つ組織へ

ナポレオンはプルタークの『英雄伝』を愛読し、アレクサンダー大王やカエサルのカリスマ性と軍事的故事に詳しく、フランス兵に高い誇りを持たせることに成功しています。

革命戦争という国家の危機を前に、「自由と平等」という革命の精神の炎が燃え広まり、国民の当事者意識が高まったところに、ナポレオンの指導力が発揮されたのです。

また、彼には軍事に優れた人材であれば元貴族でも登用する懐の深さがありました。

その上で、自国の兵力が効果的に機能するように、フランス陸軍が生み出した師団制度を改良してグループ化、他国での戦争をうまく遂行できる軍団制度を創設しています。これにより、複数の師団が連携し合い、機能的に動ける仕組みがつくられたのです。

二〇〇年前の戦争の歴史は、現代のビジネス組織の運営と似通った点があります。危機的状況においても、リーダーの効果的な目標設定によって社員のモチベーションを極限まで高め、各人、各部署、各チームがすばやく連携できる仕組みをつくることで、逆境に負けない強大な組織を生み出せると、歴史は教えてくれています。

ナポレオン

一七六九年生まれ。古い身分制度が崩壊し、自由と平等を掲げたフランス革命政府で軍人として活躍。一七九九年クーデターを行いフランス皇帝となる。卓越した軍事的才能で欧州を席巻した。

05

逆転優位戦略

カール・フォン・クラウゼヴィッツ「戦争論」
相手の強みを真似て無力化する

リベンジできたプロイセンの逆転戦略とは？

占領下で虎視眈々と練られた軍事改革

ナポレオンは一八一二年に六〇万の軍勢でロシア遠征を行い、壊滅的な敗北を喫します。フランスに占領されていたプロイセンは、好機と考え打倒ナポレオンを掲げ、宣戦布告。しかし、あえなく撃退されたため、各国を誘い第六次対仏大同盟を結成します。

オーストリア帝国軍、ロシア帝国軍などがフランスへの攻撃に参加、プロイセン軍はブリュッヘル司令官の指揮のもと、ナポレオン指揮下のフランス軍を撃退、祖国を取り戻すことに成功します。

翌一八一四年に同盟軍はフランス領内に侵攻、三月にプロイセン軍がパリへ入城し、皇帝ナポレオンは退位してエルバ島に流刑となります。

ナポレオンの戦争は、オーストリア帝国やイギリスとの確執、ロシア大遠征が歴史上知られていますが、直接的な退位の引き金はプロイセン軍の侵攻でした（プロイセン王国は現在のドイツ北部に相当）。

プロイセン王国は一七〇一年から一九一八年に存在した国家です。兵隊王と呼ばれたヴィルヘルム一世以降、欧州の名門軍事国として栄えますが、一八〇六年にナポレオン率いるフランス軍に敗れ、国土の半分を失います。

存亡の危機を迎えたプロイセン王国は、フランス人の支配によって愛国心が強く芽生え、占領下で秘かに軍制改革に励みます。

祖国復活を目指して必死に研究を重ねたプロイセン軍人の一人が、のちに名著『戦争論』を書いたカール・フォン・クラウゼヴィッツその人だったのです。

四人の捕虜士官が仕掛けた逆襲劇

意外かもしれませんが、対ナポレオン戦争の最終勝利に大きく寄与したのは、『戦争論』の著者クラウゼヴィッツよりも、その師であるシャルンホルストなどの上官たちでした。

一八〇六年にフランスに敗戦、ブリュッヘル、シャルンホルスト、グナイゼナウ、クラウゼヴィッツという四人のプロイセン軍人が九か月ほどフランス軍の捕虜になっています。四人は、のちに人質交換で解放されますが、プロイセン王国の再建に燃え、フランス軍とナポレオンの強さの秘密を解明し、乗り越えることを狙います。彼らは一体、どんな対策を進めたのでしょうか。

フランス軍の強さの秘密を解明せよ！

クラウゼヴィッツは「王族による戦争は、傭兵を使う半ば八百長試合だったが、ナポレオンはフランスのために命をかける兵士を育て、敵を殲滅するまで戦う戦争に変えた」と語りましたが、この洞察は彼の軍事学の師であるシャルンホルストが一七九〇年代の論文で先に指摘したことでもありました。

国民徴兵制度による膨大な兵数と、フランスの自由を守るため、自ら勇敢に戦うフランス国民軍、大部隊を効果的に戦闘に参加させる軍団制度とナポレオンの軍事的天才。

欧州大陸最強のフランス軍に勝つためには、相手の強みを無力化する、あるいは凌駕しなければなりません。

しかしプロイセン王国は、フランスを除く他の国と同様に傭兵が主力であり、身分制度の壁で平民は将校になれず、肩書で出世が決まり、国王の軍隊ゆえに、フランスのように市民革命を起こすこともできません（シャルンホルストは平民出身だが、プロイセン軍は彼に貴族の称号を与えていた）。

そのため、次のような対策が実行されました。

プロイセンの対フランス作戦

①義務兵役制の採用（国民軍創設のため）
②師団制を取り入れた
③優れた参謀将校を育成する教育機関の充実
④門戸を広げ、平民からも優れた人物を将校に登用
⑤政治行政改革・教育改革
⑥社会制度改革（農奴解放）
⑦祖国愛の醸成（ナショナリズムの鼓舞）

プロイセン軍の改革は、フランス軍の強みと極めて似ています。彼らはナポレオンの強さの秘密を正確に分析して、組織として徹底導入したのです。

ちなみに、⑤⑥⑦は軍制ではなく社会制度の改革です。フランス兵と同じように、プロイセン人の被占領状態を打ち破るべく、祖国愛を醸成するためだったのでしょう。

規模を拡大したプロイセンが逆転できた二つの戦略

王国ながら社会制度の改革を進めたプロイセンでは、愛国者の国民軍を創設する準備が整い、師団制度の導入で勇猛果敢に戦う大軍というナポレオンのフランス軍と同じ条件を手に入れます（一方のフランスは相次ぐ戦争で、国民全体が疲弊していた）。

士官教育制度を充実させ、平民からも優れた人材を広く集めて登用し、軍中央の作戦指揮と、現地師団の連携が迅速になりました。フランス軍の強さがナポレオンの軍事的天才にあったならば、プロイセンは同じことを、軍全体で実行できる組織に仕上げたのです。

彼らは、ナポレオンの優れた機動力を封じるため、次の二つの戦略を徹底します。

①各個撃破させない大群による包囲布陣

戦場で的確な判断を下すナポレオンは、各国の軍隊が主戦場で合流する前に素早く行軍し、各個撃破によって多くの敵を、より少ない自軍で打ち破っています。

一八一三年の会戦では、プロイセン軍は各個撃破されないように、北・東・南の三方面から同盟国と侵攻し、じりじりと包囲を狭めてナポレオン軍を閉じ込めました。フランス軍に一点集中の攻撃をさせず、大軍の優位性をそのまま活かす戦いを仕掛けたのです。

②側面攻撃を受けたら粘らず退却する

ナポレオンの得意な戦術である「側面攻撃」は、複数師団の中で一部が敵を足止めし、すぐに他のフランス師団が敵の側面か背後に回ることで、相手を挟撃する効果を最大限発揮するものでした。正面攻撃には強い軍隊でも側面攻撃には極めて弱く、側面攻撃を受けた状態で粘ると、壊滅することも多かったのです。

プロイセンの研究後、ナポレオンに側面攻撃を受けた場合、粘らず退却し、殲滅されずに兵力の温存が可能になりました。最後の戦場であるワーテルローでは、ナポレオンは肉体的な衰えから作戦指揮の迅速さを欠き、各個撃破のチャンスを逃し、側面攻撃した敵に逃げられた上で、戦場の最終局面でプロイセン軍から逆に側面攻撃を受けて大敗しました。

フランス軍の組織的な強みと、ナポレオンの用兵エッセンスを分解し、敵の強みを取り上げながら、自軍が「より大きな規模で」実行できるようにしたのです。

小さな会社は迅速に動き、専門性を高めることで一点突破を狙います。規模の大きい会社は、相手が専門分野で地位を固めないうちに、同じ専門性を持つ部門を発足させ、より大規模に展開して、後追いで勝つことを目指します。

異なる戦略なら、「スピード」があるほうが有利であり、同じ戦略なら「規模」が大きいほうが有利となる。プロイセンはフランス軍の速さを封じ込め、規模の戦いに持ち込んだのです。

天才は理論を超越しない。解き明かされた勝利の秘密

世界中で読まれている名著『戦争論』は全八編、戦争の定義から始まり、「戦争の性質」「戦争の理論」「戦略編」「戦闘」「戦闘力」「防御」「攻撃」「作戦計画」の章に分かれています。ナポレオンの出現で、傭兵による緩慢な戦闘から、敵を撃滅するまで必死で戦う戦場になり、国民軍によって国家の総力を動員する総力戦に変わったことなど、パラダイムの変化を指摘する部分も多いです。

プロイセンのナポレオン攻略法

〈戦略①〉
各個撃破させない大群包囲網

応用　地域一番店を包囲するとき、等距離の3エリアで、個別に1番店となり、その影響力の範囲を広めていくなど。

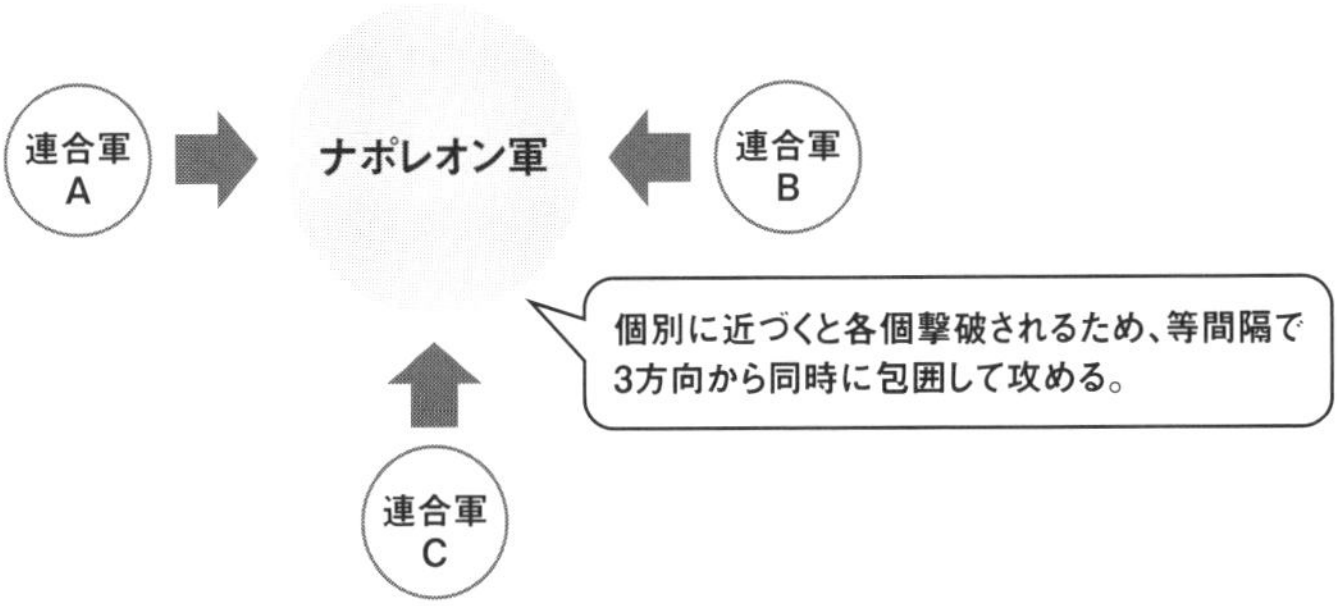

連合軍A
ナポレオン軍
連合軍B
個別に近づくと各個撃破されるため、等間隔で3方向から同時に包囲して攻める。
連合軍C

〈戦略②〉
側面攻撃を受けたら粘らず退却

応用　既存品で差別化の攻撃を受け止めず、別の差別化（新たな側面攻撃）を狙うなど。

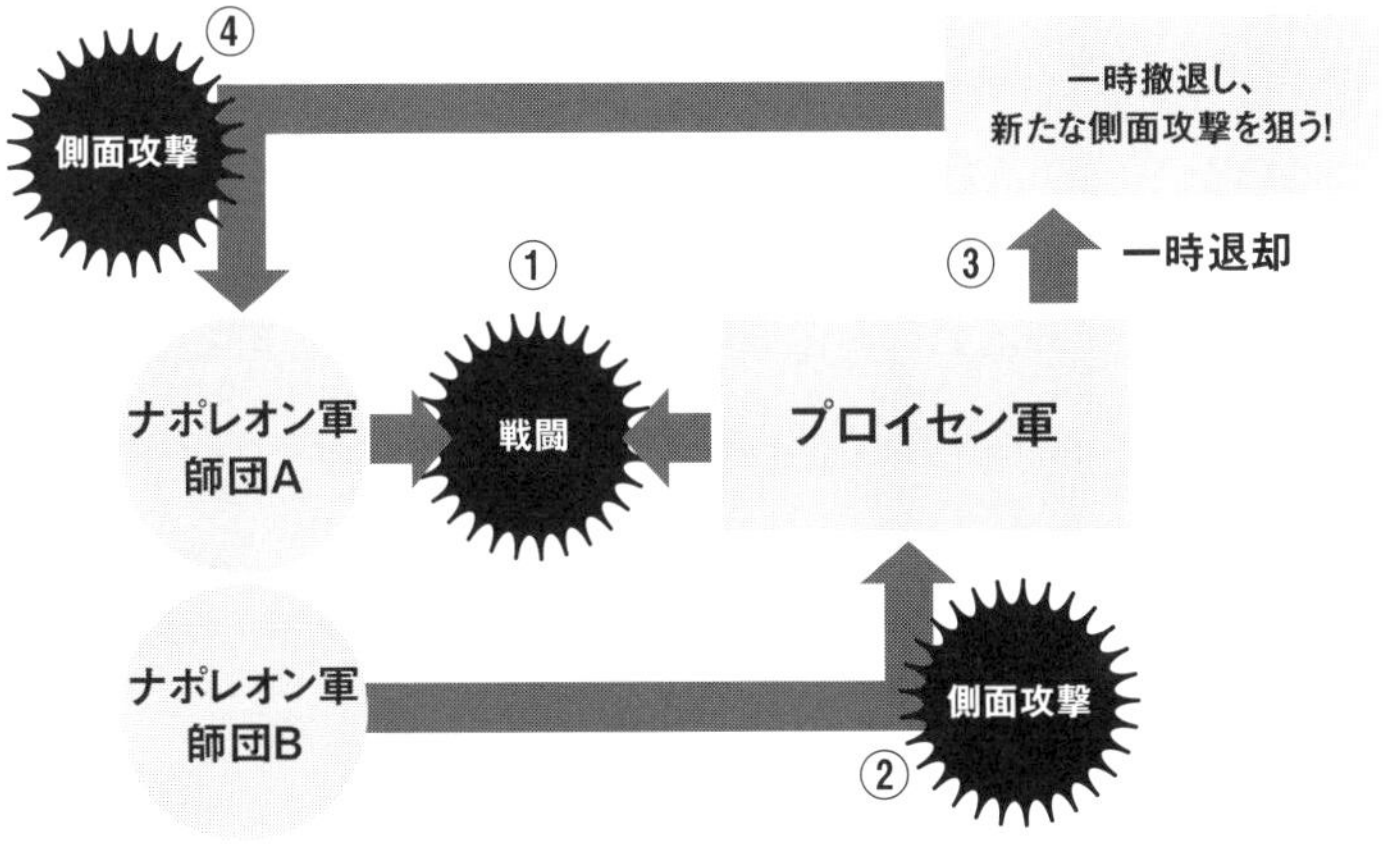

④
側面攻撃
一時撤退し、新たな側面攻撃を狙う!
①
③
一時退却
ナポレオン軍師団A
戦闘
プロイセン軍
ナポレオン軍師団B
側面攻撃
②

「天才は、理論を超越するものではない。（中略）天才の行うところこそ、最も見事な法則でなくてはならないはずであり、理論の仕事は『それはどうなっているのか？　それはどうしてそうなったの？』を明らかにすることにある」（大橋武夫著『クラウゼヴィッツ兵法』より）

カリスマ、天才経営者の活躍に「彼は特別な存在だから」と対抗することを諦めては勝てません。「天才こそ最も見事な法則」とは、法則を見抜けば勝てることを意味します。

ナポレオンという稀代の軍事的天才を打ち破り、フランス革命により生まれた新しい組織体制の強みを見事に模倣・先鋭・拡大したプロイセン軍の軍制改革。それらは天才を謎のままで終わらせない探究心と、組織に対する深い理解がつくり出したものだったのです。

クラウゼヴィッツ

一七八〇年生まれ。一八〇六年の戦いでフランス軍の捕虜になる。解放後は軍制改革に取り組み、ロシア遠征に失敗したナポレオンを撃退。『戦争論』は彼の死後に妻が原稿を整理して出版。

06

間接的アプローチ戦略

リデル・ハート「戦略論」相手の強みと正面衝突せずに勝利する

快進撃を続けたヒトラーは、なぜ敗北したのか？

第一次世界大戦最大の激戦地から生まれた「間接的アプローチ戦略」

北フランスのソンム河畔では、第一次世界大戦最大の激戦が展開されました。一九一六年のわずか四か月間で、死傷者は一〇〇万人に上ります。機関銃などの登場で、戦場が大量殺人の場に変化した悲惨な転換点となりました。

イギリス陸軍の士官だったリデル・ハートは、ソンムの戦いに大隊の指揮官として参加。しかし過去の戦場とは異なり、騎士道的な要素もなく、塹壕戦と武器の性能向上で、無慈悲に人命が奪われるばかりの光景にハートは衝撃を受けます。

彼の部隊は壊滅し、ハート自身も負傷により本国に送還されました。その後、一九二七年に大尉の階級で除隊し、ハートは軍事研究家となります。

彼はソンムでの戦闘経験から、敵の充実した戦力と正面衝突する愚かさを悟り、その後世界に知られた「間接的アプローチ戦略」を提唱します。

この理論は、二〇世紀を代表する戦略の一つとなり、現在でも各国の軍組織で研究されるほど浸透しています。

敵が十二分に備えている陣地への突撃は効果がなく悲惨

リデル・ハートは著作『戦略論』で、古代ギリシャから中世、ナポレオンの戦争や第一次世界大戦、第二次世界大戦などの戦闘を分析しています。

特に、二つの世界大戦とナチス・ドイツの勝利から没落に多くの記述を割いており、ヒトラーの連戦連勝と没落には、間接的アプローチが大きく関連しているとしています。

間接的アプローチとは

敵が十分備えている正面への攻撃を避け、備えが薄い部分を攻撃する、あるいは間接的に相手を無力化する方法を選ぶこと。

一九四〇年のドイツによるフランス侵攻では、フランスとイギリスの連合国側が最も予想しなかった森林丘陵地帯（アルデンヌ）のルートをドイツ戦車部隊が選び、背後を襲われた連合国側は、数では優位にありながら敗退。イギリス軍は壊滅寸前で本国へ撤退し、パリはナチスに占領されました。

一方で、一九四一年の独ソ戦では、ドイツ軍はレニングラードを目指すことが明白な行軍を続けたため、ロシアは同都市の防備に軍を集中。ドイツ軍は激しい抵抗を受け挫折、のちの大敗北につながる失敗を犯しています。

なお、間接的アプローチは純粋な戦闘だけではなく、資源の補給を断つ、各国との条約で包囲する、などの非戦闘的な行動も含まれています。日本軍が太平洋戦争でアメリカ軍と戦ったとき、石油輸送船を次々と撃沈され、戦争後半には訓練用の石油も不足する状態となったことは、よく知られている史実です。

「弱点に対する集中」は、ビジネスでも応用可能

ハートは戦争の原則をひとことで言うなら、「弱点に対する力の集中」だと述べています。

相手にこちらの狙いを悟らせず、自らの軍隊はどの目標地点を攻撃するかわからないよう、見かけ上、分散すること。こちらの分散により敵も分散して備えることで、攻めるべき弱点をつくり出す、というものです。

この発想は戦争のみならず、ビジネスでも十分に応用が可能です。

規模の大きい企業ほど、製造、仕入れはコスト優位性があるものです。大手企業や全国チェーンに対して、中小企業が価格で競争することは、レニングラードにやみくもに突撃するドイツ軍に似ています。敵の防衛が一番充実している「低価格・低コスト」に突撃せず、別の個所を攻めなければ勝てません。

消費者の心理も同じです。自分用の買い物では低価格品しか買わない人が、子供のためや可愛いペットのためには高額な買い物をしてしまうことがあります。

競合他社でも、消費者心理が相手でも「弱点に対する集中」こそ効果があるのです。

ハートはこの原則を実行する上で、次のような点を注意すべきだとしています（以下、『戦略論』の「積極面六か条」から著者が要約）。

①目的を手段に適合させせよ

「消化能力以上の貪食」は愚である、とハートは書いていますが、達成する手段を持たな

間接的アプローチ戦略

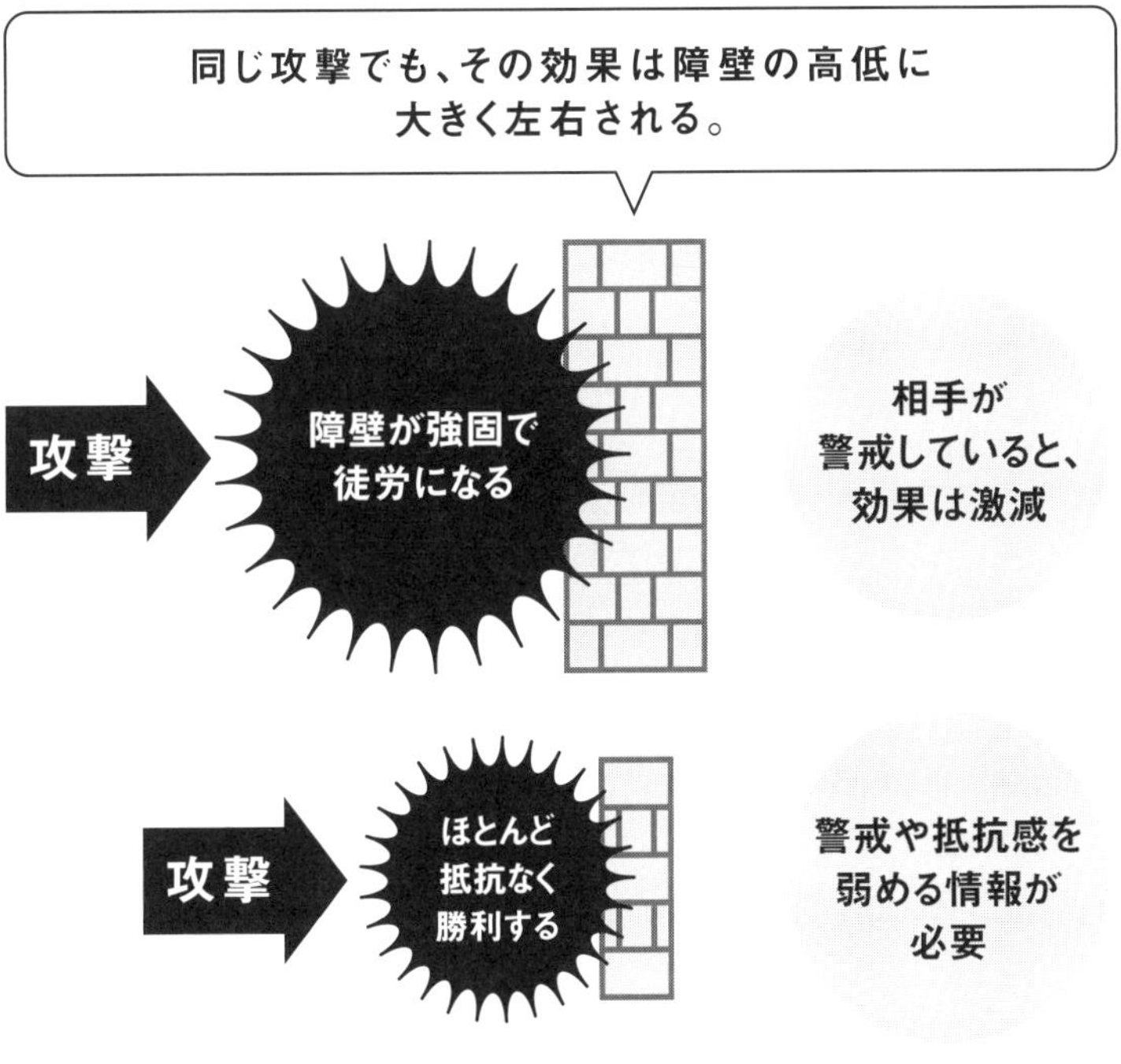
同じ攻撃でも、その効果は障壁の高低に
大きく左右される。
攻撃
障壁が強固で
徒労になる
相手が
警戒していると、
効果は激減
攻撃
ほとんど
抵抗なく
勝利する
警戒や抵抗感を
弱める情報が
必要

攻撃効果は、抵抗の少なさに比例

ビジネスでも、消費者の
心理ハードルが低い製品、売り文句、
販促ルートがカギとなる。

い目的を掲げても無意味です。手持ちの手段から目的を決める冷静さによって、むしろ不可能だったことも可能になることさえあるのです。

②常に目的を銘記せよ

手段を選ぶときに、横道にそれたり、最終的な目的とは関係ない目標を追いかける危険性があるものです。常に、最終目標へどんなプラスがあるかを確認することが重要です。

③最小予期路線を選べ

相手の立場に立って、敵が予測あるいは先制することが最も少ないコースを選ぶこと。ビジネスでもある種の驚きは、商品企画を含めて重要な戦略になります。

④最小抵抗線に乗ぜよ

目的にプラスになる、敵の最も抵抗が少ない場所を攻めるべきであること。新規店の立地選択で、十分な見込客人口がありながら、ライバル店があえて相見積りを出したいと思わない距離にある場所を選ぶなども、この例となるでしょう。

⑤予備目標への切り替えを許す作戦線をとれ

少なくとも二つの目標を掲げて、相手にこちらの進路を悟られないように準備を進めること。こちらの狙いが絞れなければ、相手は抵抗を一点に集中させることができません。

⑥計画および配備が状況に適合するよう、それらの柔軟性を確保せよ

第一弾の結果から、その状況に適する形で計画を早く変更する柔軟性を持つこと。例えば、初期に売れた商品の生産計画をすぐに倍増し、売れない製品は製造量を絞り込む。このような柔軟性はチャンスを広げ、損害を抑える効果があります。

アメリカの製薬メーカーが、競合のヒット製品よりも低価格品の開発をした際に、小さな都市のテスト・マーケティングで、相手に狙いが察知されてしまったことがありました。結果、全米での大規模な販売前に、相手に大幅値引きを発表され、大失敗に終わりました。ライバル社は価格を先に下げたことで、さらに市場を支配することになったのです。

ヒトラーが大勝利し、のちに敗退した理由

間接的アプローチの達人は、真正面から敵陣を突破する思考から離れることができま

す。結果として、他の人では越えられない壁を間接的な効果で打ち破ることができるのです。

間接的アプローチの原理は、古代兵法家の孫子の書や、歴史上の名将が使いこなした戦略であり、リデル・ハートがつくり出した発想ではありません。しかし、ハートがその概念を明確な形で表現したことで、より活用しやすくなったのです。

なお、リデル・ハートはヒトラーが敗北した理由を、「初期の大成功のため」としています。彼は緒戦の大勝利で「攻勢はあらゆる問題の解決を提供するものである」と錯覚し、過信から間接的アプローチを忘れ、相手と正面衝突する戦闘を部下に強要します。

周囲には優れた将軍もいましたが、劣勢になるとヒトラーは自説に固執し、全軍を消耗させるような正面戦闘を繰り返したことで、ドイツ軍はついに瓦解したのです。

リデル・ハート

一八九五年生まれ。ケンブリッジ大学で歴史学を専攻、第一次世界大戦では陸軍に志願、西部戦線やソンムの戦いに参加。のちに軍事研究家となり、有名な「間接アプローチ戦略」を提唱。

07

状況適応戦略

ウィリアムソン・マーレー「戦略の形成」
戦略の決定プロセスが勝利を左右する

なぜ、ナチスと日本軍は戦略を間違ったのか？

決断する前に、あなたが影響を受けているものとは？

人がものごとを決める際、できるだけ精神的に自由であろうとします。そのほうが優れた決断が可能だと思われるからです。

しかし、一国の運命を左右する戦略を選ぶとき、必ずしも自由はありません。戦略を決めるリーダーは、見えない制約条件に囲まれているからです。

米国の軍事史研究家であり、米空軍戦争大学や海軍大学校などで指導実績を持つウィリアムソン・マーレーは、「戦略の立案は、現実によってより大きな文脈のなかに強く規定されている」と述べています（石津朋之他訳『戦略の形成』より）。

そのため、影響を受けている要素を正しく見極めるほど、優れた戦略を選ぶことにつながります。逆に言えば、私たちが日々の決断をする際に、知らずに受けている影響に気づかないと、影響のマイナス面から逃れることができないのです。

ゴルフのようなスポーツで、吹いている風の存在に気づかないと、意図しない方向にボールが飛んでしまうことに似ています。決断への影響を正しく見抜く必要があるのです。

ナチスへのアプローチを誤らせた「過去の経験」

マーレーが指摘する影響の中で、「過去の経験」は最も強烈な存在です。

先に紹介したリデル・ハートは、ナチス・ドイツの脅威が明白となった時期、直接的に大陸へ軍隊を進めるのではなく、あくまで同盟国と協力し、海上封鎖で追い詰める間接的アプローチを強固に主張しました。

マーレーは、ハートの固執の原因を、第一次世界大戦でイギリス軍が経験した、七〇万人以上の自軍の戦死者の再現を避ける想いによるもの、と分析しています（結果として初期のナチスの増長を招いた）。

イギリス国民の大多数も、先の膨大な犠牲から、戦争を避ける気持ちが強く、欧州で再び大規模な戦争をもくろむリーダーが出現するなど、夢にも想像しなかったのです。

実際にはナチスとヒトラー、全体主義はまったく新しく出現した脅威でした。しかしハートもイギリス国民も、過去の経験の影響で危険を直視できなかったのです。

戦略の形成に影響を与える要素

- **地理**
- **歴史**
- **世界観（宗教、イデオロギー、文化）**
- **経済的な要因**
- **政府組織および軍事組織**

人は住んでいる場所に、多くの影響を受けて決断します。組織も国家も、私たち個人も歴史という過去に大きな影響を受けています。組織の世界観や経済的な要因も同じです。このように考えると、私たちは決断をするとき、非常に多くの要素に囚われていることがわかります。気づいていないだけで、実際は自由からほど遠いのです。

戦略も同様に、決定のプロセスで多くの影響を受けています。そのため、この影響を正しく見極めるほど、戦略の有効性は増すことになるのです。

その教訓は本当に正しいのか？

マーレーは戦争史を通じて、戦略形成のプロセスを分析していますが、過去の体験から改善策を行うとき、失敗しやすい次の二点に注意すべきだとしています。

①より上位にある戦略課題をクリアしているか

例えば、ファッションの店を出店して失敗した過去がある企業が、より集客が見込める立地を見つけて再度挑戦をする場合。前回の失敗要因、立地の悪さを克服できたとしても、より根本的な問題である「どんな年齢層のお店を出すべきか」「景気動向から、そもそも新規出店すべき時期か」という問題も考慮すべきです。

過去の教訓として、戦術的な問題を解決しても、上位の戦略的問題を考慮しないならば、単に過去とは違う形で新たな失敗を重ねることになるからです。

②一部分ではなく、全体像を理解する

極めて優秀な上司がいたこと、特殊な立地の要因があってその部門が成功していたのに、特別な要因を理解せず、単に部門の製品に市場で大きな需要があると見込んで拡大すると、経験から引き出したはずの教訓が、むしろ大きな失敗につながることになります。過去や体験から学ぶことはいいのですが、間違った解釈を引き出せば、本来隠れていたマイナス要因が出現し、失敗を自ら掘り出したような悲劇に直面するのです。一部から過去を都合よく解釈すると、成功からも失敗が生み出されるのです。

第一次世界大戦のドイツは、ヴィルヘルム二世が政治的要因を無視して、単に戦闘の作戦における最善を求めました。その結果、軍を進めることでロシアが参戦し、無制限潜水艦戦を始めたことで、アメリカの参戦も招きました。目の前の戦果を改善する行動が、敵国を急増させて壊滅的な敗北に至ったのです。

ドイツは、国家が崩壊する前に国内で民主革命が起き、第一次世界大戦ではヴィルヘルム二世が国外へ逃亡して敗戦を迎えました。結果、数年後のドイツでは第一次世界大戦に本当は負けておらず、民主革命がドイツの足を引っ張ったのだ、という論調が生まれ、多くの国民がそれを信じてしまったのです。

ナチスはその信念で戦争を始め、より機械化された大部隊を動かし、同じように多国籍の連合軍を敵に回し、二方面作戦を自ら展開して、再び国家的な敗北を迎えたのです。
過去や歴史は多くの教訓を含み、それは新たな戦略の形成に欠かせないものです。しかし過去を間違って解釈することは、悲劇的な失敗につながります。自らが何に影響されているかを見抜き、この二点を正しく考慮して決断すべきなのです。

没落は正しい企業文化を継承しないことから始まる

マーレーの著書『戦略の形成』から、二つの文章をご紹介しましょう。

「戦略とは、偶然性、不確実性、曖昧性が支配する世界で状況や環境に適応させる恒常的なプロセスにほかならない」

「戦略の形成は、国際的な出来事や脅威からの外圧に加え、国内の政治的影響力および個人の行動の特異性をも含むプロセスなのである」（共に同書より）

戦略とは、状況や環境に適応し続けることであり、戦略の形成は、外的な要因と内的な要因のバランスで行われるとマーレーは指摘しているのです。

外的な要因をすべて私たちが決めることはできませんが、内的な要因、つまり世界をどう見るか、何を信条としてどう反応するかは自ら決めることができます。先に「戦略の形成に影響を与える要素」で紹介した〝世界観〟にあたるものです。

マーレーは、第一次世界大戦のあと、フランス軍やイギリス軍と、ドイツ軍がどのような組織文化を育成したかで、面白い対比をしています。

一九四〇年の戦いで、フランスの中隊長たちは、塹壕の中で上官とつながる野外電話に張り付いていました。彼らは上司への戦況報告が自分の仕事だと思っていたからです。

一方、ドイツの指揮官は前線で敵情を分析し、現場で何が起こっているかを自ら知る努力を通じて指揮を執りました（戦闘はドイツの勝利となった）。

不確実な世界の中で、組織ができる最善の策の一つは、健全な組織文化を育み、維持することです。組織の文化は、過去の出来事をどう理解するかを決め、外の世界の現在を判断し、反応の方法を決めるからです。一世を風靡した企業が、時と共に無残に没落するのは、過去を歪んだ形で認識して、間違った企業文化を継承していくからです。

初代が会社をつくり、二代目が伸ばし、三代目が会社を潰すとよく言われます。三代目は創業者の苦労や試行錯誤を知らず、成功した時点からしか見ていないからです。

過去の体験から歪みなく教訓を引き出し、効果的な組織文化として継承することこそ、継続的に勝ち続けるために不可欠なことなのです。

ナチスとも共通する日本軍の敗北要因

ビジネススクールでも、企業の過去のケーススタディを行うことは知られていますが、過去から教訓を引き出すときには「上位の戦略」と「一部ではなく全体像の理解」を重視する必要があります。

正しい企業文化が、上級指揮官だけで、中堅や現場のリーダーにも浸透しなければ、中隊長が上司に報告するため電話に張り付くような硬直化した組織になってしまいます。

マーレーの議論は、第二次世界大戦で大敗北を喫した、日本軍の姿にも重なります。彼らは過去の戦史を学びながらも、国家戦略よりも戦闘での勝敗を重視し、全体像ではなく一部分を引き出した教訓ばかりを継承しました。

そのため、日露戦争や第一次世界大戦のように、同盟国との関係を強固にしながら、勝てる条件でのみ戦闘をするのではなく、自国の戦力を増強し、世界中を敵に回したのです。

さらに一九一〇年代前後から、日本の軍部は学歴至上主義に陥り、実戦経験ではなく学業成績で昇進を決めたため、机上の空論を振り回す上官が激増し悲惨な戦場を生みます。学歴主義の導入は、明治維新で活躍した長州・薩摩の派閥を解消させるためだったと言われていますが、下位の課題である派閥解消のためより、上位の課題である「実践における強さ」が破壊されたのです。歪んだ教訓ばかりを過去から引き出したことで、日本軍は壊滅的な敗北を喫したのです。

ウィリアムソン・マーレー

一九六三年に米イェール大学の歴史学部を卒業後、空軍に五年間勤務。イェール大学で軍事外交史の博士号を取得、米軍の多くの機関、協会で指導を行う。ドイツ軍や戦史に関する著作多数。

第3章

生産力を最大化する 効率化戦略

08

効率化戦略

フレデリック・テイラー「科学的管理法」

目に見えないムダを排除して成果を最大化する

フォードやトヨタに引き継がれる管理法の原点とは？

形が残らない作業にはムダが溢れている

食事をつくるとき、材料が余るとムダがわかります。使わない部屋の電気が点灯していればやはりムダが目に見えます。

「形あるもの」のムダに人は簡単に気づきます。しかし形がないもの、仕事の効率のように姿形がないものは、記憶力と想像力を働かせなければ、そのムダを見抜けません。

いまから一〇〇年前、この「目に見えないムダ」に敢然と挑戦した一人の人物がいます。「科学的管理法の父」と呼ばれたフレデリック・テイラーその人です。

裕福な家庭に生まれ、弁護士の父の跡を継ぐためハーバード大学の法学部に入学した彼は、視力が低下する病気に襲われたため、弁護士への道を断念し機械工となります。

若きテイラー青年には大いなる不幸だったこの出来事が、その後アメリカはもとより、日本を含めた世界中の産業界に革命を巻き起こすことになるのです。

テイラーの目から見た「労働者が仕事を怠ける理由」とは？

見習いのあと、テイラーは一八七八年（二二歳）にミッドベール・スチールの機械工場で働き始めます。旋盤の仕事で同僚より高い成果を上げたため、作業長に抜擢されました。

彼が作業長になると、驚くことに大勢がやってきて次のような話をしたのです。

「フレデリック、昇進おめでとう。みんな、とても喜んでいる。ところで、職場のルールはよく知っているだろうから、間違っても出来高を増やそうと、やっきになったりしないだろうな。みんなと足並みを揃えてくれれば、すべて丸く収まるはずだ。だが、みんなで決めた出来高を無視したりしたら、きっとここから放り出してやる」（有賀裕子訳『［新訳］科学的管理法』より）

彼の部下になった旋盤工たちは、仲間たちで「自分たちにちょうどいい」作業量を決めていました。一日の生産量が向上することは、旋盤工にはマイナスを意味していたのです。

労働者が仕事を怠ける原因

①一人当たりの生産量が増えると、いずれは大勢が職を失うという誤解
②働き手が自分の利益を守るため、作業ペースを落とす矛盾が職場にある
③非効率的な経験則が蔓延し、そのまま実践されている

テイラーは、自分がすでに「経営側」であることから、旋盤工たちの「怠業（仕事をなまけること）」を黙認せず、最大限の効率を引き出すことを宣言します。

友人でもあった部下たちからの激しい反発にもめげず、彼は「一部のやる気ある人物を引き込み」成果を改善し始め、三年後には部門の出来高は二倍にまで跳ね上がりました。

漫然とした作業に潜む、優位性のカギをどう見つけるか

テイラーの著作『科学的管理法』には、彼が実際に自らの手法を導入した企業の実績が

いくつも紹介されていますが、ここでは一つの事例を紹介しておきます。

ベアリングの検品工場

自転車用の硬化鋼製の小さなボール（ベアリング）の検品業務を体系化したときのこと。小さなボールを左手の指と指のあいだで転がしながら、明るい照明の下で吟味して欠陥品を磁石で取り、箱に投げ入れる作業です（体は疲れないが精神的な緊張を強いられる）。

女性工員は、一日一〇時間半もの長い労働時間を過ごしていましたが、テイラーは無駄が多いと考えて、段階的に労働時間を短縮、同時に二重の検品体制を導入します。

ベアリング検品工場での対策

- **休憩の導入（一時間一五分ごとに一〇分）**
- **おしゃべりを防ぐため、作業台を互いに離す**
- **反射速度テストを行い、成績の高い人だけ残す（成績下位は解雇）**
- **出来高と品質の高い者に昇給を与えた（一時間ごとに計測）**

それ以前には、見えなかったムダをテイラーが発見していることがわかります。管理者がストップウォッチで、各作業時間や、どれほどの時間で集中力が失われるかを観察し、対策は決定されました。また「反射速度」は、必要な資質の分析から決定されました。

ベアリング検品では、残った女性工員の賃金は八割から一〇割上がり、労働時間は一〇時間半から八時間半に短縮、休憩時間により女性が健康を害する恐れもなくなったのです。

対策のポイント

①管理側が作業内容を深く理解するため観察、分析を行った
②業務内の無駄を省くため、作業環境を改善した
③優れた仕事に必要な「資質」を明確にして人材を取捨選別した

一つ注目していただきたいのは、マネジメント側が「仕事の内容を深く観察して分析した」ことが改善策の起点となっていることです。

「労働者の生産効率が上がらない理由の半分は、管理側が部下の仕事を精緻に理解していないからだ」とテイラーは同書で指摘しています。

この思想は「課業管理」つまり、上司が「正しい量で正しい内容の仕事を課す」ことで、部下の成果最大化を達成できるという発想につながっています（現代の新入社員教育にも大いに応用できる発想といえます）。

もう一つは、同じ現実（作業）を異なる哲学、思想を通して眺めることの重要性です。労働者を管理者側が観察することで、マネジメントにより生産性が飛躍的に向上するという、発想そのものが存在しなかった時代に「科学的管理法」は生まれました。

「科学的管理法」が、管理システムの源流であるといわれるのは、同じ作業を異なる発想で眺めて、それ以前に見えなかったムダと効率化のカギを発見したからです。

逆に言えば、視点を変えない者は、現実から新たな発見をすることができません。

テイラーは作業時間を測る、というシンプルな発想ながらも、全米の工場で新たな発見をしました。最新の生産設備も、私たちの人生も、視点を変えることで新たな発見があることを、テイラーの戦略は教えてくれているのです。

フレデリック・テイラー

一八五六年生まれ。眼の病気で弁護士の道を諦め、機械工見習いとなり、工場現場の改革を行った。「科学的管理法の父」と呼ばれ、彼のテイラー協会ではドラッカーやデミングも学んだ。

09

最適化戦略

大野耐一「トヨタ生産方式」

現状を問い、新しい生産システムを発明する

なぜ、トヨタ自動車は世界一になれたのか？

発明家、豊田佐吉の「世界」への挑戦

愛知県豊田市に本社があるトヨタ自動車は、一八六七年に生まれた発明王、豊田佐吉が創業した豊田自動織機製作所の「自動車部」が起源です。

一八六七年は徳川慶喜による大政奉還の年であり、髷《まげ》をした武士の時代と明治維新の始まるさなかにトヨタ自動車の源流は生まれたことになります。

一九一〇年、豊田佐吉はニューヨークに視察旅行に行き、二年前に発売されたT型フォードが街を埋め尽くす光景を目にして刺激を受け「これからの時代は自動車だ」と帰国後は繰り返していたと言われます（佐吉は欧州、上海など各国を視察）。

豊田佐吉は発明特許八〇件以上、海外特許一八件を取得した、明治から大正にかけての発明王ですが、当時マネばかりと海外から揶揄されていた日本人の知能による発明に並々ならぬ執念と決意を持つ人物でした。

「タカジアスターゼもあれば、野口英世博士もある。されど是等《これら》は皆白人の指導により、援助により、而して彼等の設備の力を借りて、其の目的を達したのじゃ。今度は全く白人と関係なしに、日本人の絶対の力のみを以て一大発明を遂げようと言うのじゃ」（『トヨタ生産方式』より）

一九三五年、東京芝浦での試作車発表会の席上で、当時の社長である喜一郎氏は佐吉氏の未発表の言葉として「私は織機で国のためにつくした。お前は自動車をつくって国のためにつくくせ。これが父の遺言となった」と述べて話題となりました。

トヨタ生産方式の生みの親であり、書籍『トヨタ生産方式』の著者である大野耐一氏は、入社した豊田紡績には発明王、佐吉氏の偉大な気風が残っていたと語っています。佐吉氏の想いを受けた喜一郎氏が日本の敗戦直後に「三年でアメリカに追いつけ」と言ったように、小さくとも世界に挑戦する気概溢れた会社だったのです。

トヨタが見抜いた、フォード式大量生産のワナ

日本が高度経済成長を続けていた一九七三年以前と、オイル・ショック後の七三年以降では、明らかに時代が異なると大野氏は指摘しています。

「オイル・ショックの影響は政府、企業、個人生活いずれに対しても大きかった。翌年の日本経済はゼロ成長に落ち込み、産業全体が、一時は、恐怖のどん底に沈んだ感があった」

（同書より）

つくればつくっただけ売れた高度成長期は、日本企業もアメリカ式の量産方式を採用していました。しかし、オイル・ショック後は「一つの製品が大量に売れない」「多種少量生産が必要」な時代になり、一九七三年以降、毎年トヨタ自動車と他のメーカーの利益に差がつき始めたことで、「トヨタ生産方式」はにわかに注目を集めます。

アメリカ式の大量生産は、つくる量の増加に比例してコストが下がるメリットを主眼にしていました。「マクシー・シルバーストーン曲線」はイギリスの二人の博士のよる大量

生産の定量的効果を示す理論ですが、簡単に言えば、つくるほど設備などの製造固定費が低下してコスト低減の効果があるということです。

「どんな色でもお好みの色をつくりましょう。黒である限りはね」とはヘンリー・フォード一世の言葉ですが、黒一色の生産設備であれば、製造固定費が安く、最終製品も品質が高い割に価格を安く抑えることができることを意味します。

しかし、アメリカ式の大量生産方式には、主に三つの問題がありました。

①つくりすぎのムダ

「つくりすぎ」は多くの点でムダが発生します。必要部品も、工程も多い自動車のような製品では、一つの部品を頑張って大量につくっても、次の工程が追いつかなければ、不要在庫として「置き場」「整理の手間」「コスト」など、多くの二次的なムダが発生します。

②人を減らすことができない

アメリカ式の大量生産では、減産をした場合に「人を減らす」ことができません。逆にトヨタ生産方式では「少人化」と呼び、同じ製品をどれほど少ない人数で完成できるかを一つの効率目標としています。一つの製品が売れないとき、そのラインですぐに「人間が余る」ことで、売れ筋への配置転換が可能になるのです。

③多品種少量生産に向かない

大量につくることでコスト削減を目指す生産方式の場合、一つの製品が少量しか売れなければ当然コストは上昇します。逆にトヨタ生産方式は、販売にどれだけピタリと合わせることができるかを目標としており、消費者が一台一台異なるクルマを購入しても、大量生産に比肩する低コストでの製造を可能にしています。

大野氏はアメリカ式の量産方式をいたずらに真似る危険を、一九五〇年くらいから明確に意識していたと書いています。なんとオイル・ショックの二〇年以上前に、トヨタはアメリカの大量生産方式のワナをすでに見抜いていたのです。

大量生産できないのに、コストは劇的に下がるか？

大衆の自動車社会を実現したのはアメリカのヘンリー・フォードです。

彼の発明した「ライン生産方式」は、多くの部品を組み付ける自動車の製造で、部品を車体のある場所に運ぶのではなく、逆に車体を各部品のある場所に移動させて、組立効率の格段なアップに成功しました。

一九一〇年代に発明されたライン生産方式は、現在でも製造業の基本的な部分で大いに活用されています。車体がラインを流れる点はトヨタ生産方式でも同じです。

では、両者は何が違うのでしょうか？　大きく分けると、次の二つの違いがあります。

①ジャスト・イン・タイム

部品の生産数を多くして量をこなし、各所に手持ち在庫を必要とするフォードのライン生産方式に対して、トヨタ生産式はつくりすぎのムダを徹底的に排除して、それを管理する人、土地、建物までの負担をゼロにしようとする考え方です。

「後工程が引き取った量だけ前工程が生産する」、使用された部品のカンバンが、前工程に回されることで、到着したカンバン分だけ部品の生産を行い、在庫を極限まで抑えることも目標としています。

②多品種と低コスト生産を同時に実現

昭和二〇年代、トヨタ自工の生産現場では、大型プレスの金型の段取り替えに二〜三時間を要しました。これほど時間がかかるなら、同じ部品を一気に大量にプレスしたほうが、当然生産性は高いことになります（生産していない時間が長いことから）。

ところが昭和四〇年代後半には、わずか三分に短縮されます。この改善の意味は、一つひとつ違う部品をプレスしても、生産性がほとんど低下しないことです。フォード一世の言葉「黒である限り……」というのは、単一の製品を大量生産したほうが、生産側のコスト効率が高いということです。

一方、トヨタ生産方式のように、あらゆる色の注文が、同様に低コストで生産できるなら、販売側はさまざまな色のバリエーションをお客様に提示できます。より多くの消費者を惹きつける多種低コスト生産の出現です。

日本人の知能によるオリジナルの発明に心血を注いだ豊田佐吉を始祖とする企業は、ヘンリー・フォード一世に匹敵する、まったく新しい発想を持つ生産システムを創造したのです。この世紀の発明は、トヨタを世界企業に押し上げることになりました。

「なぜ」を五回繰り返す意義とは何か？

トヨタ生産方式の発展には、「なぜ」という問いを常に発することが重視されました。

例えば、機械が動かなくなったと仮定した場合です。

トヨタ生産方式（ジャスト・イン・タイム）

フォードのライン生産方式

車体をベルトコンベアで移動させ、各部品が置いてある場所へ動かす。コスト削減のために同一部品を大量に生産して保管。

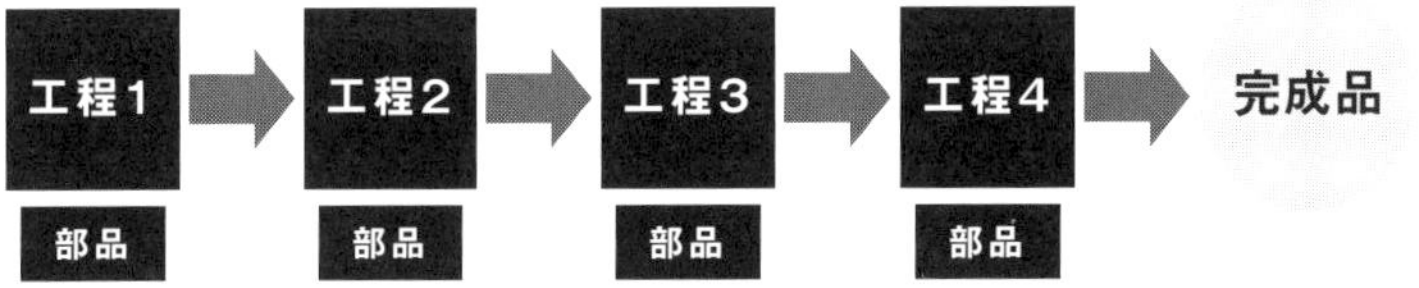
工程1
工程2
工程3
工程4
完成品
部品
部品
部品
部品

トヨタ生産方式

車体をベルトコンベアで移動させるのは同じだが、「カンバン方式」によって後工程が前工程に生産指示を出し、組み付けた分のみ生産。

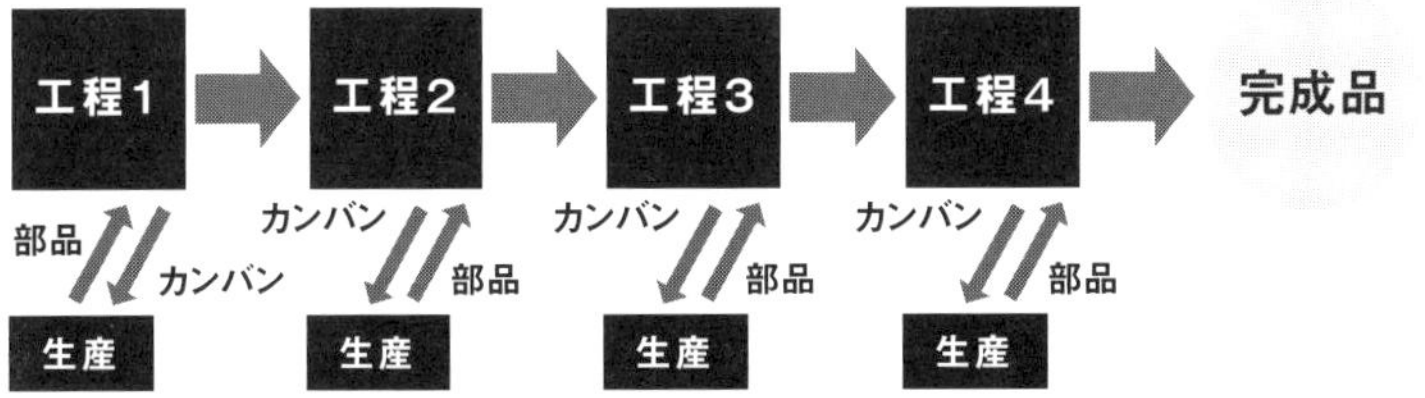
工程1
工程2
工程3
工程4
完成品
部品
カンバン
カンバン
部品
カンバン
部品
カンバン
部品
生産
生産
生産
生産

剰余在庫を管理する人手、手間、場所などをゼロに近づけ、売れた分だけ生産することを目指す。

①なぜ、機械は止まったか
「オーバーロードがかかって、ヒューズが切れたからだ」
②なぜ、オーバーロードがかかったのか
「軸受部の潤滑が十分でないからだ」
③なぜ、十分に潤滑しないのか
「潤滑ポンプが十分くみ上げていないからだ」
④なぜ、十分くみ上げないのか
「ポンプの軸が摩耗してガタガタになっているからだ」
⑤なぜ、摩耗したのか？
「ストレーナー（濾過器）がついていないので、切粉が入ったからだ」

「五回の『なぜ』を繰り返すことによって、ストレーナーを取りつけるという対策を発見できたのである。『なぜ』の追求の仕方が足りないとヒューズの取り替えやポンプ軸の取り替えの段階に終わってしまう。そうすると、数ヵ月後に同じトラブルが再発することになる」（同書より）

問題が起きたとき、原因の突き止め方が不十分だと、対策もピント外れなものになります。「なぜ」を五回繰り返すことは、目の前の事実に対して、常に本質を問うことにつながり、より根本的な解決策の発見を可能にしてくれるのです。

新しい生産システムの発明が世界一の企業へと押し上げた

すでにおわかりいただけたかもしれませんが、トヨタ生産方式の最大のポイントは「生産性」の古い定義を疑い、より優れた生産性の定義を新たに発明したことです。「現状が本当に最適なのか？」という疑問を常に持ち、目の前の現実への常識を疑うことが、新しい思想で効率を追求する生産システムを生み出したのです。

その他にも、トヨタはオリジナルの言葉を生み出して、生産性の新指標としています。

自働化　不良品を判断して自動停止する機能（不良品が大量に生まれない対策）

カンバン方式　生産ライン側が使った量だけ、部品製造側にその都度要求する仕組み

多能工　いくつもの工程を一人の作業者が兼務する（つくり貯めが起こらない）

少人化

同じ数量の製品を、できるだけ少ない作業者で完成させること

現在のトヨタ自動車は連結売上高が二五兆円を超える巨大企業であり、生産・販売で世界一を獲得したこともある会社です。

その生産方式の神髄は、細かなムダを徹底削除することであると同時に、過去とは違う新たな視点からムダを捉える「優れた生産性の定義力」だと言えるのです。

大野耐一

一九一二年生まれ。豊田紡績に入社後、豊田自動車工業に転籍。工場の生産方式を革新し、『トヨタ生産方式』を出版。同社の躍進を生んだ、多品種低コスト生産の仕組みを編み出した。

10

時間短縮戦略

ジョージ・ストークJr.他「タイムベース競争戦略」
利益を生む部分に絞って時間を短縮する

世界中を席巻するアマゾン最大の武器とは何か？

「時間」の競争優位は、どんなメリットがあるのか？

トヨタ生産方式の解説で、大型プレスの金型の段取り替えに、昭和二〇年代は二〜三時間かかったと書きました。これは、プレスする製品を切り替える際には、生産をしない二〜三時間が余分にかかることを意味します（トヨタは昭和四〇年代に三分まで短縮）。

一九八〇年代にボストン・コンサルティング・グループのジョージ・ストークJr.は、アメリカ企業がアジア地域で勝つための戦略を研究するため、日本企業を調査しました。その結果、トヨタをはじめとする日本企業が、生産における時間短縮を武器として「多品種低コスト生産」を可能にしていることを発見します。

彼は、待ち時間、手直しの時間、検査や準備などにより、付加価値を生み出す時間は、生産工程全体の、およそ五％にすぎないことを見抜きます。工程の九五％の時間は、直接的な付加価値を生み出していなかったのです。

では、付加価値を生まない時間を短縮すると、どんなメリットが生まれるのでしょうか。

時間短縮が生み出すメリット

- **コスト削減**
- **コスト増を伴わない商品点数の拡大**
- **在庫負担の軽減（回転率の向上による）**
- **特注品への即応性**
- **結果としての高い利益率**

日本の自動車メーカーは、新車の開発から販売まで約三六か月で完結しますが、ストークの調査時には、アメリカ企業は約六〇か月が必要でした。開発スタートから、世の中に製品が出るまでの期間が短いほど、消費者の最新ニーズに早く応えられることを意味します。

多くの作業を同時並行で行い、製品化までの期間が短いことは、開発のコスト削減のほか、消費者ニーズへの迅速な対応にもつながっているのです。

アマゾンは典型的なタイムベース競争企業である

ストークは、時間短縮を焦点にして競争する戦略を「タイムベース競争戦略」と定義し、この戦略を採用する企業を「タイムベース競争企業」と呼びました。

では、これはトヨタ生産方式と何が違うのか。

タイムベース競争戦略は、時間短縮のメリットを認めながら、戦略の適用範囲を、生産だけではなく、あらゆるビジネスシーンに広げることを狙っています。

近年は、特に消費者の買い物の時間短縮に活用されています。

ストークの著作には出てきませんが、ネット書店最大手のアマゾンは典型的な事例です。書店で本を購入する際、消費者は店舗まで移動し、本棚を探し、なければ店員に在庫を聞いて購入するプロセスをたどります。しかし、実際に目当ての本を購入する瞬間は、レジで会計をするほんの数秒です。残りの時間は、購入準備のムダな時間なのです。

アマゾンはその書籍購入を、ムダな時間を省いた数クリックで実現しています。

一九九〇年に書かれた『タイムベース競争』（ボストンコンサルティンググループ著）には、時間短縮を「消費者側」のメリットにして勝利するアメリカ企業の姿が描かれています。

日本企業の研究で発見したタイムベース競争戦略は、アメリカ企業によって消費者側の買い物時間の短縮に活用されており、迅速性によって獲得した競争力をプレミアム価格にすることに成功しているのです。

最近では、アマゾンは「当日お急ぎ便」などのスピード配送で、プラス料金を設定していますが、すぐにでも資料として手に入れたい顧客には払う価値のあるサービスです。

一方の日本企業は、一部のメーカーでは生産に時間短縮を活用していても、迅速性を活用したニュービジネスを新たに考えつくことは苦手で、迅速性をプレミアム価格に転換できている事例が少ないと同書は指摘しています。

時間短縮を、プレミアム価格と集客のエンジンにする

次の文章は、ストークの書籍『タイムベース競争戦略』（中辻萬治、川口恵一訳）からの抜粋です。

「即応性を手段にして顧客の身近な存在となり、顧客に自社への依存を高めさせる製品の多様性と即応性を高いレベルで両立させることで、発注時点から顧客を待たせない。即応性は最も利益が高い顧客の、必要不可欠な存在になる武器となる」

「価値提供システムを最も魅力的な顧客に向ける。他社には魅力のない顧客だけが残る。最も魅力的な顧客とは、欲しいものを待てない顧客である。魅力の一番少ない顧客とは、せっかちな顧客が支払うほどの価格を支払わず、待とうとする顧客である。即応性に優れた企業は、せっかちな顧客から高い販売価格と低コストで稼ぐことができる」

ファストフード、宅急便、ピザの宅配、コンビニなど、時間短縮を付加価値にしている業種は多数あります。私たちがタイムベース競争戦略を使うとき、消費者側の求める行動を実現するため、価値のない時間はどれだけあるかに着目することがポイントです。

東京ディズニーランドの「ファストパス」は待ち時間を短くするサービスですが、指定時間まで自由なため、以前なら待つだけの時間を、食事や買い物を楽しむ時間にできます。

消費だけではなく、医療の診察待ち時間から、都市の交通渋滞まで、私たちは時間短縮をビジネスチャンスにできる社会に住んでいることがよくわかります。

時間短縮は、いつの時代も顧客が常に求めること

前出の『タイムベース競争』では、意思決定や物流を含めた企業活動は、およそ一〇％程度しか消費者への付加価値を生んでいないとしています。一方、必要な部署、必要な人に情報が迅速に届かないことで、「意思決定の在庫」が積み上がっている職場も溢れています。

時間短縮を起点とする戦略は、まだまだ未開拓のチャンスが多い分野なのです。

一方で、時間短縮が利益につながらないケースも実は存在します。

一九九三年、日産自動車が工場の閉鎖計画を発表し、トヨタも同時期に売上不振に陥ったことがありました。日本企業の強みだったスピードが、競争優位を失ったのでしょうか。

この不振の理由は、スピードを限界まで上げること自体が目的となり、顧客ニーズと一致しない形で企画と製造が高速化されたことが原因です。顧客にとって魅力のない製品を高速で多品種化しても、企業側がただ疲弊するだけだったのです。

しかしながら、消費者側の時間短縮については、現在進行形のチャンスが続いています。

ネットで買い物をする顧客の多くは、会員登録により、注文者の氏名や住所、発送先を一度登録すれば、以降はサッと買い物ができるようになっています。わずか数クリックで、欲しいものが家庭まで届くことは、時間短縮が私たちの社会に広く浸透していることを示しています。消費者側の時間短縮のトレンドは、今後も長く続くことでしょう。

タイムベース競争戦略は日本企業の「カイゼン」「ムダ取り」に端を発しますが、現代でも新しい手法と結びついて追求され続けている有効な戦略なのです。

ジョージ・ストーク

米ＢＣＧのコンサルタント。一九七九年にトヨタのカンバン方式の研究を開始。時間を軸にした日本企業の競争力を分析し、一九九〇年にトーマス・ハウトと『タイムベース競争戦略』を出版。

第4章

組織の限界を突破する実行力戦略

11

知識創造戦略

野中郁次郎、竹内弘高「知識創造企業」
組織として新しい成功の方程式を創造する

なぜ、家電の成熟市場で大ヒットが生まれたのか？

日本型イノベーションで復活した松下電器

松下電器（現パナソニック）は一九八七年二月、ホームベーカリー（自動パン焼き器）を発売しました。三万六〇〇〇円の価格ながら、一年目で五三万六〇〇〇台の販売記録をつくり、見事その年の母の日にプレゼントしたい商品のトップを飾ります。

輸出でも同商品は世界的な好評を博します。成熟した調理家電市場では極めて稀な成功であり、雑誌『フォーチュン』の一九八七年一〇月号にも大きく取り上げられました（競合企業の参入もあり、アメリカの同種製品市場は一〇〇万台近くに達した）。

家電の市場成熟で、売上が落ち込んでいた松下電器は、ホームベーカリーの成功を皮切りに、同年秋には日本ではじめてのコーヒー豆ひき器付き自動コーヒー沸かし器を発売。自動的に豆をひき、コーヒーを沸かすこの製品もヒット商品となりました。

翌一九八八年には伝統的な「かまど」と同じように米を炊く電磁加熱炊飯器を発売。旧電気炊飯器のほぼ二倍の五万九〇〇〇円という価格にも関わらず、松下の炊飯器全体の売上を五〇％伸ばし、市場シェアを七％も増やすヒット商品となりました。

なぜ、売上低下に悩んでいた松下電器は、ヒットを飛ばすことができたのでしょうか。実はそこには、日本企業のイノベーションの源泉が隠されていたのです。

これでは合併の意味がないじゃないか

元防衛大学校教授で、現在一橋大学名誉教授である野中郁次郎氏と、同じく一橋大学名誉教授で、現在ハーバード大学ビジネススクール教授の竹内弘高氏の共著『知識創造企業』には、一九七〇年代に家電市場が成熟し、苦戦を続ける松下の様子が描かれています。

同社は一九八三年に、戦略の焦点を家電からハイテク・産業用製品に移し、家電の三事業部を「電化調理事業部」として統合します。この統合の目標は二つありました。

・資源の重複をなくして組織効率を改善すること
・三事業部の技術・ノウハウを統合して再び成長路線に乗ること

統合で過剰生産設備が廃棄され、利益率は向上したものの（七・二％→九％）、売上は一九八四年の六二七億円から、二年後には六〇四億円に落ち込みます。統合の効果が疑問視され始め、状況を打開しなければ、という空気が生まれていきます。

「既存分野でただくっついて、固定費を削減したとか、生き残ればいい、というのでは合併した意味がないんじゃないかと考えました。三つの事業部の特徴を生かしてなにか新しいものを始めなければならない、という雰囲気が出てきたのです」（『知識創造企業』企画室長・桝村氏の言葉より）

統合した事業部から一三人のミドル・マネージャーが集まり、三日間の合宿を実施。事業部の現状と将来の方向性を議論し始めました。

さらに一九八四年、目指すべき方向のヒントやアイデアを見つけるため、アメリカ人の日常生活のトレンドを観察する企画チームをアメリカに派遣。彼らは「働きに出ている主婦が多くなり、いっそう簡略化されて栄養的にも貧しくなった家庭の食生活」（同書より）を目にします。これが事業部に新しい方向性を気づかせるきっかけになりました。

組織の外にある「知識」を獲得し、内から殻を破り続けるコツ

アメリカでの見聞から企画チームは「イージーリッチ（Easy & Rich）」というコンセプトを生み出します。忙しく働く女性に向けて、食事の準備を簡単にすると同時に、おいしく栄養豊かなものにする、という意図が込められています。

帰国後、「イージーリッチ」のコンセプトを元にホームベーカリーの開発が始まります。しかし、当初のプロトタイプでは、おいしいパンはできませんでした。問題解決のため、ソフトウェア担当の女性が大阪コクサイホテルのチーフ・ベーカーにパンづくりを学ぶことになります。実際に何度もパン生地を練ってみたのです。

生地練り・焼き上げのプロセス観察のため、数名のエンジニアも派遣されました。

何度もパン生地を練った女性は「ひねり伸ばし」という言葉で熟練のパン職人の技を表現しました。この表現からエンジニアたちはヒントを得て、へらと容器の形状を工夫、誰でもおいしいパンを全自動で焼けるホームベーカリーがついに完成したのです。

古い知識の陳腐化より速く新たな知識の創造を行う

『知識創造企業』で「知識」と定義されるものは、企業のある種の成功の方程式と考えていいものです。古い成功の方程式が通用しないとき、新たな成功の方程式（知識）を、組織の外の世界である、「現実」と「体験」からつくり出していく必要があるのです。

同書から学ぶことができる戦略を、次の三つの構造で表現してみます。

①飛躍させ方向を与える「コンセプト創造」
②「体験」を先行させて議論する
③具体化を促進する「象徴的な言葉」を使う

知識創造の最前線は、たいていの場合「新商品開発」と密接に関係しています。理由は、既存の商品が陳腐化することで、白紙の状態からの発想を求められるからです。

そのため、古いやり方や路線からメンバーの視点を引き剥がす「飛躍を生み出す思い切ったコンセプト」を創造し、メンバーに探索の方向性をまず提示することが大切です。

次に、組織の外にある知識を求めるため、企業は「体験を先行させて」議論を繰り広げる必要があります。コンセプトに関連する体験を積み、暗黙知を集めるためです。最後に「実体験」と「飛躍的なコンセプト」をつなぎ合わせて商品化をするため、関連する知識や技術を多くのメンバーから集める「象徴的な言葉」も必要となります。

キヤノンは一九八二年に小型・低価格・メンテナンスフリーのヒット商品「ミニコピア（複写機）」を発売しますが、企画コンセプトは「根本的に新しい複写機の開発」でした。従来のビジネス用複写機の需要が、近い将来頭打ちになるとの危機感からの発案です。

製品開発の段階では「複写機のAE－1をつくろう」というスローガンが採用されました。AE－1とは、同社が一九七六年に発売したマイコン付き一眼レフカメラで、キヤノン史上最大の成功例と考えられていた商品です。このスローガンは、自社の技術者へ、プロジェクトの重要性をイメージさせ、到達すべき高いレベルを深く理解させたのです。

「知識創造企業」は、単に難しい問題をチーム全員で腕組みしながら考えるのではなく、新たな知識をつくり出すために、各階層で効果的なフックを提示し、そのフックの力でチームや個人を新しいレールに乗せ、スムーズにアイデアや行動を引き出しているのです。

ホームベーカリーの大成功は、プロの調理技術を手軽に家庭で再現するという、新しい成功の方程式を松下電器にもたらし、次々ヒット商品を生み出しました。

パン職人の技術にある「言葉にされていない知識」を習得するため、実際にパン生地を練った担当者は、暗黙知を最初は体験で受け止め、次に形式知である言葉にしたのです。暗黙知が形式知（理解できる言葉）に変換されたことで、機械化へのヒントが生まれ、高性能の自動パン焼き器が完成し、世界中でヒットしました。

言葉ではなくまず体感する。これはいかにも日本人的な発想ですが、自分の外にある（言葉にされていない）知識をスムーズに習得する、重要なプロセスだったのです。

日本企業は「組織の外にある暗黙知」を吸収し、自社の内側に取り入れて別の知識と結合させ、常に内側から古い殻を破って進化を続けていたのです。

暗黙知の存在は、知られていないから優位点だった？

『知識創造企業』は一九八〇年代後半までの、日本企業が世界的に強かった時代のケーススタディを中心としていますが、バブル崩壊後の日本企業の不振にも言及しています。

知識創造企業のフレームワーク

1
飛躍させ方向を与えるコンセプト創造

古いやり方から離れ、発想を飛躍させる方向性を打ち出す。

（例）キヤノンの「根本的に新しい複写機」など。

2
体験を先行させて議論する

腕組みしてただ悩まず、実際に体験してみる。

（例）平均年齢27歳の開発チーム、合宿での議論、米国へのチーム派遣など。

3
具体化を促進させる象徴的な言葉を使う

多様なメンバーから知識とアイデアを集めて組み合わせる。

（例）「イージーリッチ」「ひねり伸ばし」「複写機のAE-1」など、具体化を加速させる言葉をフックに活用。

新たな成功の方程式を、組織の「外の世界」と「体験」からつくり出す。

「たしかに日本企業はスローダウンしている。しかし、日本企業がこの不況を乗り越えたあとは、これまで以上に強くなると我々は断言する。歴史的に見ても、日本企業は危機に直面すると、組織的知識創造によって過去の成功体験を棄却し、新しいビジネス・チャンスを求めて未知の領域に挑戦してきたのである」（同書より）

しかし現状、一九九六年から二〇年近くが経過した日本では、右の言葉のような力強い復活をしている企業は、少なくなったとみなさんも感じないでしょうか。

日本企業が『知識創造企業』の予言した、力強い復活を成し遂げていない理由は、大きく二つあると本書では考えます。

①海外企業が「暗黙知」の存在を新たに定義した

暗黙知は存在自体が曖昧で、本書の出現以前は明確に定義されていない存在でした。しかし本書以降、「暗黙知の習得と形式知への変換」は、海外企業にとっては異文化ではなく重要な企業戦略と認識され、研究と実践が進んだ結果、世界規模でイノベーションへのアプローチが広がり、一九八〇年代よりスピードが速くなってしまった。

②日本企業にあった「日本的文化」が薄れ、西洋思考化が進んだ

一九八〇年代まで「日本的文化」が日本企業の中に継承されていたことで、知識創造がより効果的に行われていたのに対して、それ以降の日本社会や日本人が西洋化して、「心身一如」「主客一体」など、体験や行動を重んじる気風が消え、未知の状態に飛び込む勇気が失われて、行動から始まる知識創造力が貧困になった。

暗黙知が徒弟制度のような体験による学習の形態をとるのに対して、「暗黙知」を形式知的に理解した海外企業と研究者は、むしろ日本企業より素早く知識創造へのアプローチを拡大、習得した可能性もあり、自国の文化として半ば無意識に知識創造を扱っていた日本人と日本企業は、逆に知識創造で出遅れ始めた可能性さえあるのです。

野中郁次郎

一九三五年生まれ。一橋大学名誉教授、カリフォルニア大学バークレー校経営大学院名誉教授。六名の共著『失敗の本質』ほか、日本企業と経営、リーダーシップに関する著作多数。

12

組織的熱狂戦略

トム・ピーターズ他「エクセレント・カンパニー」

「人の動機づけ」でエクセレントな実行力を生み出す

六〇社の調査から導き出された超優良企業の特質とは？

平凡な人から非凡な力を引き出す秘密

「生産性に対して主要な意味を持つのは労働条件それ自体ではなく、労働者に対する経営者の配慮なのだということである」（大前研一訳『エクセレント・カンパニー』より）

「超優良」を意味するエクセレントな会社が、どんな特徴を持っているのか？

誰もが知りたいこの謎に挑戦した書籍があります。

『エクセレント・カンパニー』は、一九七〇年代の終わりに、世界的コンサルティング会社のマッキンゼーの元社員、トム・ピーターズとロバート・ウォーターマンによって書かれました。

DEC、ヒューレット・パッカード、プロクター&ギャンブル、ジョンソン&ジョンソン、キャタピラー、スリーエム、マリオット、マクドナルド、ダウ・ケミカルなど、当時の六〇以上の卓越した企業への綿密な面談調査から共通点を分析しています。

卓越した企業のソフト領域を中心に着目しており、それまでアメリカで主流だった定量分析による企業改革とまったく違う路線を打ち出したことで、大いに注目を集めて世界中で六〇〇万部を超えるベストセラーとなりました。

挫折した合理主義と分析、人の熱意を引き出せない冷めた組織

ピーターズたちも、調査プロジェクトの当初は戦略と機構面からのアプローチに集中していたと述べています。周囲も、組織づくりの構造の問題を新しく見直すだけで十分ではないかと考えていたのです。例えば、次のような質問です。

「マトリックス組織が七〇年代の流行——ただし明らかに効果のあがらない——だったとすれば、八〇年代の機構とはいったいどんなスタイルか？」（同書より）

しかし二人は、調査を通じて重要なことに気づきます。組織づくりをするのは何のためかということです。彼らはアメリカ企業の多くが、経営管理用の小道具に目を奪われて、より高い次元の技法に考えが及んでいないことを見抜いたのです。

「私たちが異論を唱えたいのは、方向を誤った分析、複雑すぎて実用にならない分析、厳密すぎて扱いにくく柔軟性のない分析、本質的に予知不可能な（とくに時期が不適当な場合）分析（中略）、現場から離れた管理者が現場に対して、管理中心の考え方で展開した分析等々である」（同書より）

彼らが全米の優良企業の調査で発見したのは、「全体の能率」を求めて機構をいじくる人々が、心を一つにして働く小集団に敗れる姿であり、研究開発部門の綿密な製品プロジェクトが、全身全霊うちこんだ達人の小グループにとって代わられる姿だったのです。

合理主義と管理は、顧客を大切にする意義を教えず、係数管理は、たったひとこと従業員に声を掛けるだけで、彼らがどれほど仕事に一体感を抱くかを教えてはくれないのです。

「人間要素」が製品やサービスを卓越させる

では、六〇社以上の調査でまとめた、超優良企業を〝エクセレント〟にしている特質とは一体どんなものだったのでしょうか。

革新的な超優良企業の八つの特質

①行動の重視
②顧客に密着する
③自主性と企業家精神
④人を通じての生産性向上
⑤価値観に基づく実践
⑥基軸から離れない
⑦単純な組織・小さな本社
⑧厳しさと緩やかさの両面を同時に持つ

八つの特質をやや強引にまとめれば、主に次の二つの要素を持つと推測できます。

①大きくなっても小さな組織の俊敏さを維持する

卓越した企業は巨大組織になったのちも、小さな創業期から成長をする過程までにあった、本来の俊敏さや決断の速さ、迅速な行動力を失わない対策を持っています。

分析ばかりの会議、行動をのろまにする組織階層の多さなど、組織の膨張により発生するデメリットを意識的に排除して〝成長した時期〟の組織特性を維持しているのです。

②仕事に熱狂する動機づけができる企業文化を持つ

ホワイトカラーとブルーカラーが完全対立するような組織ではなく、社員全員が仕事に熱狂する動機づけが「企業文化」と一体になっていること。人は人生に意味を求めており、優秀でありたい、評価されたいと願う、人間の基本的欲求に合致した動機づけが必要です。卓越した企業は「社員が仕事に熱狂する意味づけ」が正しく強固にできているのです。

『エクセレント・カンパニー』の洞察の素晴らしさは、二つの要素の逆をイメージするとより明白になります。成功して社員数が増えた企業は、当初の自由な意思疎通や、目端の利く俊敏さも失い、のろまな象になることが多いはずです。

組織が大きくなれば、指示待ち社員、やるだけ社員が自然に増えてしまい、野心的なベンチャーだったころの「社員全員の仕事への熱狂」は自然に消えてしまうものです。

ピーターズたちが解明した「卓越したアメリカ企業」の特質は、成功と成長から生じる二つの大きな落とし穴を避ける、賢明な仕組みと文化を兼ね備えていることだったのです。

消えたエクセレント・カンパニーの謎

ご存じの読者も多いと思いますが、『エクセレント・カンパニー』で卓越した企業として紹介された何社かは、すでに消滅しています（ワング、ＤＥＣなど）。

ピーターズたちの指摘の限界は、あくまで成功したあとの巨大企業の共通点を分析したことであり、組織肥大に伴う落とし穴を避けることが提言の中心になっていたことです。

このことは、次の二つの「重大な死角」を生み出していると本書では考えます。

①八つの特質は成長の原動力ではない

卓越した企業の特質は、企業が小さなベンチャーから大きく躍進する、成長の原動力を提示したものではなく、巨大企業になったのち、失速を防ぐ対策であった可能性が高いこと。

②技術革新の速い分野では八つの特質も意味をなさないときがある

社員への堅牢な動機づけに成功していたＩＢＭも、パーソナルコンピューターの台頭に出遅れて、一九九一年には倒産を噂される窮地に直面します。技術革新の速い分野では、イノベーションで過去製品の強みが失われる変化が起きやすく、特にそのような業界では八つの特質だけでは成功を続けられない場合が多いのです。

『エクセレント・カンパニー』の八つの特質は、あくまで提言が効果を発揮する条件で追求される必要があります。ピーターズたちが〝成功後の〟卓越した企業の姿を分析した、そのアプローチも、この提言の限界を生み出した要因の一つだと考えられるのです。

小企業の大胆な実行力と、社員を熱狂させる意味づけ

活用条件が限定されても『エクセレント・カンパニー』の貴重な提言が輝きを失うわけではありません。むしろ、適用範囲の明確化で効果はより高くなる可能性があります。

『エクセレント・カンパニー』が教えてくれるのは、企業規模が大きくなることで専門性を失い、俊敏さが破壊されて「のろま」になることへの防止策と、人が増えることで、規模が小さかったときの仕事への熱狂や強い動機が消えることへの対策です。

巨大組織でも、成長する小企業の大胆な実行力を常に目指すこと、全社員が仕事に熱狂できる適切な意味づけを与え、企業文化に取り入れることは、エクセレントな企業であり続ける最重要ポイントであると言えるでしょう。

トム・ピーターズ

一九四二年生まれ。スタンフォード大学で経営学の修士、博士号を取得。海軍勤務やペンタゴン、ホワイトハウスのアドバイザーなどを経て、一九七四年から八一年までマッキンゼーに勤務。

13

組織的進歩戦略

ジェームズ・C・コリンズ他『ビジョナリー・カンパニー』

「組織ビジョン」で時代を超えて生き続ける

永続する企業に共通する驚くべき八つの法則とは？

ベストセラーが明かした企業の「永続の法則」

「永続」している会社がどんな特徴を持っているのか？

ビジネスの世界に身を置く人なら、ぜひ知りたい謎の解明に挑んだ書籍があります。マッキンゼー出身のジェームズ・C・コリンズと、GE出身のスタンフォード大学教授ジェリー・I・ポラスによって書かれた『ビジョナリー・カンパニー』です。

同書は一九九四年に出版され、五年連続全米でベストセラーとなりました。当時、一〇〇万人以上のアメリカのビジネスマンを夢中にさせた本です。

3M、アメリカン・エキスプレス、ボーイング、GE、IBM、ジョンソン・エンド・ジョンソン、マリオット、メルク、P&G、ソニー、ウォルト・ディズニーなど、「最高のなかの最高」の優良企業が、なぜ時代の変遷を乗り越えて、ライバル企業よりも優れた業績を上げてきたのか。

同書は調査から始まる書籍であり、その分析も大変ユニークです。

ビジョナリー・カンパニーの定義

- **業界で卓越した企業である**
- **見識のある経営者や企業幹部の間で、広く尊敬されている**
- **私たちが暮らす社会に、消えることのない足跡を残している**
- **最高経営責任者（CEO）が世代交代している**
- **当初の主力商品のライフサイクルを超えて繁栄している**
- **一九五〇年以前に設立されている**

ビジョナリーとは「先見性」や「未来志向」を意味します。著者たちは調査の開始に、フォーチュン誌、インク誌の企業ランキングから七〇〇社を選び出し、CEOにアンケートへの協力を依頼。集計により、リストの上位二〇社の特徴を徹底的に検証していきます。

優良企業にはカリスマ指導者もいらず、優れたアイデアも必要ない！

アンケートなどの調査では、事前予想をくつがえしたり、思いもかけない真実の姿の出現こそが醍醐味ですが、「ビジョナリー・カンパニー」の分析結果から、一般的な優良企業のイメージ（神話）をくつがえす、いろいろな発見がなされました。

優良企業に対する神話と現実の違い

（同書より一二のうち三つを著者が要約）

「神話」素晴らしい会社には、素晴らしいアイデアが必要である。

「現実」アイデアは関係ない。まず会社を設立しビジネスを探した事例まであり、スタートで完全につまずいた企業も少なくない。彼らはウサギとカメの寓話のように、スタートでは後れを取るが、長距離レースでは勝っている。

「神話」ビジョンを持った偉大なカリスマ的指導者が必要である。

「現実」カリスマ的指導者はまったく必要なく、会社の長期展望にはむしろマイナスに

なることさえある。ビジョナリー・カンパニーのCEOは偉大な指導者になることよりも、長く続く組織をつくり出すことに力を注いでいる。

「神話」優良企業は、危険を冒さない。

「現実」ビジョナリー・カンパニーは外部から見れば保守的だと思えるかもしれないが、「社運を賭けた大胆な目標」に挑むことを恐れない。胸躍る大冒険だからこそ、人は引き付けられ、やる気になり、前進への勢いが生まれる。目標をうまく使って進歩を促し、過去の重要な局面で、競合企業を打ち破ってきた。

「永続する」ビジョナリー・カンパニーは、一人のカリスマよりは、むしろ組織文化の醸成を重視するCEOから生まれます。独自の「基本的理念」を維持し、組織全体で理念の進化を促すことで、時代の変化や製品サイクルを乗り越えていたのです。

衰退する企業と、輝き続けるビジョナリー・カンパニーの違い

では、ビジョナリー・カンパニーの真実の姿とは一体どのようなものでしょうか。

コリンズたちは時代を超える生存の法則として、次の八つを描き出しています。

ビジョナリー・カンパニーの八つの生存の法則

①製品ではなく企業そのものが究極の作品と考える
②現実的な理想主義
③基本理念を維持し、進歩を促す
④社運を賭けた大胆な目標
⑤カルトのような文化
⑥大量のものを試して、うまくいったものを残す
⑦生え抜きの経営陣
⑧決して満足しない

本書では「八つの生存の法則」は、大きく次の三つに分類できると考えています。

①製品ではなく企業そのものが究極の作品と考える

ビジョナリー・カンパニーを率いるＣＥＯにとって「究極の作品」とは、企業そのもの

であり、素晴らしい製品をつくるよりも「素晴らしい製品を生み出し続ける企業」をつくることに熱意を注ぐ。その姿は、時を告げる「時計をつくる職人」に似ている。

逆に、ほとんどの企業は現在やっていることや製品に気を取られ、それらを生み出す根本的な原動力である「企業そのもの」を最も重要な作品と考えていない。

②特別な会社である、という自己認識を全員で共有する

「カルトのような文化」とは、自社で働く社員に必要な資質を明確にしており、社員にその文化と一体になることを求めることです。それから外れていれば「病原菌か何かのように追い払われる」ことになります。自社は特別な会社だという自己認識と、社員にその特別な会社にいることを強く意識させることで、そうあり続けるために働く強い意識を持たせることができているのです。

③イノベーションと飛躍を計画する力を持つ

八つの生存の法則の④「社運を賭けた大胆な目標」とは、米ボーイング社が一九五〇年代にジェット旅客機をつくる計画を立て、トランジスターが誰も商売にならないと思っていた時期にソニーがラジオに活用しようとしたような、大胆で思い切った目標を掲げて追

いかけることです。

コリンズたちは「安全なところにとどまっていては、進歩を促すことはできない」という言葉を使っていますが、ビジョナリー・カンパニーは必要なときに「社運を賭けた大胆な目標」を掲げ、会社を安全地帯から飛び出させ、進歩を自ら促しているのです。

原題が「Built to Last」であることからも、永続する企業が〝繁栄を続けるため〟につくられていることが、強く実感できる分析結果ではないでしょうか。

ソニーが電気座布団会社にならなかった理由

同書でも紹介されていますが、ソニーの井深大氏が食うや食わずの時代に「会社の設立趣意書」をつくり上げた点は注目すべきです。

ソニーの会社創立の目的（※同書より抜粋）

- **技術者たちが技術することに喜びを感じ、思いきり働ける職場をこしらえる**
- **日本再建、文化向上に対する技術面生産面よりの活発なる活動**
- **非常に進歩したる技術の国民生活内への即時応用**

設立当初のソニーは、食べるために失敗作の炊飯器、和菓子、粗雑な電気座布団など、何でもつくってみました。もし当時のソニーが電気座布団の製造販売で成功して、会社が生き残ることができたとき、右記のような創立の目的がなければどんな危険があるか？

ソニーに気高い目標や理想がなければ「電気座布団をつくる会社」となり、その製品をつくることで、日々の糧を得るだけの組織になったかもしれません。

「会社の成功とは、あるアイデアの成功だと考える起業家や経営幹部が多いが、こう考えていると、そのアイデアが失敗した場合、会社まであきらめる可能性が高くなる。そのアイデアが運よく成功した場合、そのアイデアにほれこんでしまい、会社が別の方向に進むべき時期がきても、そのアイデアに固執しすぎる可能性が高くなる」（同書より）

私たちは日々行っていること、特に成功していることから「離れること」が苦手であり、理想のないまま電気座布団で成功したら、その製品に固執するかもしれないのです。

ところが、ソニーの創立の目的は「日本再建」「最新技術の国民生活への即時応用」なのですから、会社の目的を思い出すなら、電気座布団に安穏とはできず、この製品カテゴりから離脱することができたのです。

世界的な優良企業P&Gは、一八三七年になんの変哲もない石鹸とろうそくを製造する会社として始まりました。ソニーと同じく、特別なアイデアで創業したわけではなかったのです。当時、オハイオ州シンシナティだけでも同種の企業は一八社もあったのですから。

特別な会社を目指し、特別な会社にいると従業員が信じる力

私たちは製品に夢中なとき、結果を出し続けるための会社づくりを怠ります。だからこそ「特別な会社の発明」を最優先し、努力するリーダーの組織だけが永続するのです。

一時的にでも成功を味わうと、時代や流行の転換点で、既存の顧客、既存のビジネスから手を離すことがなかなかできません。基本理念や大胆な目標は、リセットの大切さを思い出させる効果があり、時代の谷間を飛び越える発想の飛躍を生み出しているのです。

「八つの生存の原則」を根底から支えるのは、この会社を特別な存在にするリーダーと、特別な会社にいると、従業員が心から信じる力です。特別と信じることが、特別な製品を目指し、他社ができないことを成し遂げる気概につながっているのです。

なお、『ビジョナリー・カンパニー』はその約一〇年前に提唱された『エクセレント・

カンパニー』と比較されることが多いようです。エクセレント・カンパニーは巨大組織となっても小さな組織の優位点を失わないようにする戦略でしたが、ビジョナリー・カンパニーは時代の転換点を乗り越えて、発想力の衰退を防ぐ要素が加わった存在、と言えるのです。

ジェームズ・コリンズ

一九五八年生まれ。スタンフォード大学で数学を学び、ＭＢＡを取得。マッキンゼー、ヒューレット・パッカードに勤務後、一九九四年に共著で『ビジョナリー・カンパニー』を出版。

第5章

突出した成果を出す
目標達成戦略

14

セルフマネジメント戦略

ピーター・F・ドラッカー「経営者の条件」

習慣を変えて個が組織の中で成果をあげる

組織に妨げられずに成果を出す「五つの習慣」とは？

マネージャーが成果をあげるための仕事術

経営思想家として大きな足跡を残したピーター・F・ドラッカーは、組織の中で大小に関わらず、何らかの意思決定をしている人をエグゼクティブと定義しており、彼らの仕事はまさに「成果をあげることである」としています。

ところが、経営者やマネージャーが、どうすれば仕事の成果を最大化できるのか、体系的で普遍的な仕事術は、あまり語られることがありません。

仕事の成果につながるのは、独自のスタイルなのか、才能なのか、個性なのか。

ドラッカーはそのいずれでもない、と私たちに教えてくれます。

組織マネジメントの父として世界的に著名なドラッカーが、マネージャー個人の成果向上のために解き明かした仕事術とは、一体どんな内容なのか？

本書ではドラッカーの代表作の一冊として名高い『経営者の条件』から、マネージャーが成果を向上させるための仕事術を、戦略として分析してみたいと思います。

組織が個人の成果を妨げる四つの現実とは？

ドラッカーは、個人は仕事の成果を妨げる四つの現実に直面していると述べています。

①時間をすべて他人に取られてしまうこと

組織に所属して、ある程度の地位にあれば時間はすべて他人に取られてしまいます。考える時間、まとまった業務をこなす時間を確保できないことが多いのです。

②日常業務に取り囲まれていること

自ら状況を改善しない限り、誰もが日常業務に追われ続ける。さらに悪いことは、日常業務は仕事の本当の問題点を教えてくれる類のものではないことです。日常の仕事の流れにまかせると、貢献と成果に向けて働くことから離れ、いたずらに知識や能力を浪費する危険性があるのです。

③組織で働いていること（自らの貢献を利用してもらう必要がある）

組織で働くと、あなた自身の能力を誰かに活用してもらえたときのみ、成果をあげることができます。逆に言えば、組織内の他人の能力を活用しなければ、私たちも成果を出せないのです。

④組織の内なる世界にいること（外の世界の現実と離れている）

組織に属すると、どうしても内側への関心が強くなり、成果をあげる対象である「外の世界の現実」に疎くなります。たいていの場合、組織の中から外を眺めても、厚くゆがんだレンズを通して景色を眺めるようなことになるのです。

組織にいれば、そのまま成果につながるわけではなく、むしろ組織に所属しているからこそ、成果を妨げられる環境にあることを、まず私たちは理解すべきなのです。

これほどのデメリットがあるのに、人はなぜ組織に属するのか？

「組織」という構造に、これほどマイナス要因がついて回るなら、なぜ社会に無数の組織があり、尊重されているのか疑問です。ドラッカーはその理由を、こう述べています。

「人類の歴史は、いかなる分野においても、豊富にいるのは無能な人のほうであることを示している。われわれはせいぜい、一つの分野に優れた能力をもつ人を組織に入れられるだけである。一つの分野に優れた人といえども、他の分野については並みの能力しかもたない」（上田惇生訳『経営者の条件』より）

あらゆる分野で天才的な才能を持つ人はいないことで、一つの分野で優秀な人を集めて、強みを成果につなげ、人の弱みを問題化させないことで成立しているのが組織なのです。経理的な才能がありながらも内気な人は、社長としては活動できませんが、組織の経理担当なら手腕を振るえます。人の強みを集めて各分野を担当させる組織は、人の持つ強みを活用し、付随する弱みを無効化している存在なのです。

個人の側から考えるなら、自らの強みにスポットライトを当て、最大限発揮させてくれる組織こそ優れた存在といえます。人は誰でも苦手なことがありますが、それを補う他者が組織にいることで、双方が恩恵を受けているのです。

組織のデメリットを撥ね除ける「五つの習慣」

私たちは組織固有の問題に成果を妨げられる一方で、組織という存在の特性を活かし、成果を最大化する必要に迫られています。良い点と悪い点が混在している組織だからこそ、意識的に成果をあげる工夫が必要だというのがドラッカーの主張です。

では、どのような工夫をすべきなのでしょうか。ドラッカーが説く「成果のために身につけるべき五つの能力」を見てみましょう。

①何に自分の時間が取られているかを知る

ドラッカーは、成果をあげる者は仕事、あるいは計画からスタートせず、時間からスタートするとしています。時間が何に取られているかを明らかにして、非生産性を取り除き、得られた時間を大きくまとめるのです。細切れの時間ではなく、大きくまとめた時間で重要な問題に集中的に取り組むためです。

②外の世界に対する貢献に焦点を合わせる

「どのような貢献ができるか」を自問しなければ、目標が低くなるだけでなく、間違った目標につながります。手元の仕事から顔を上げ目標に目を向けるべきなのです。ほとんどの人は、成果ではなく努力に焦点を合わせ、組織や上司が自分にしてくれるべきことを気にしています。その結果、本当の成果をあげられません。人は、組織の外にいる顧客に、自らがどのような貢献ができるかを考えるべきなのです。

③強みを基盤にする

組織は人それぞれの弱みを克服することはできませんが、弱みを意味のないものにすることはできます。組織の役割は、人の強みを共同事業の建築用ブロックとして使うことなのです。アメリカの南北戦争で、南軍の指揮官リー将軍は、バランスを欠き弱点もあるが、戦闘指揮では明らかな強みを持つ人物を要職につけていました。その将軍たちは、リンカーンが当初任命した可もなく不可もない北軍の将軍たちに何度も勝ったのです。

④領域の集中

成果をあげる人は最も重要なことから始め、一度に一つのことしかしません。成果のあがらない人は、一つの仕事に必要な時間を過小評価し、急ぎ、同時にいくつかのことをします。

もう一つ重要なことは「過去を計画的に廃棄する」ことです。すでに生産的でなくなった業務を定期的に発見し、それをやめること。

優先順位を決める原則として、①過去でなく未来を選ぶ、②問題ではなく機会に焦点を合わせる、③横並びではなく独自性を持つ、④無難で容易なものではなく変革をもたらすものを選ぶ、とドラッカーは述べています。

⑤成果を上げるための意思決定を行う

意思決定は組織や業績に重大な影響を及ぼします。重要な意思決定に集中し、個々の問題より根本的なことについて考えるべきなのです。

仕事の大河で、上流に向かって泳ぐ習慣を身につけよ

組織と仕事は流れ続ける大河のようなもので、対岸の目標に向かって、まっすぐに泳ぎ始めると、いつのまにか押し流され、はるか下流にたどり着いてしまいます。

その結果、些末な日常業務が増え、時間は細切れになり、人の弱みばかりを指摘したくなる。

大河に下流へ流されないよう、予め上流を目指して泳ぐ習慣こそが解決策なのです。

そして、人の強みを発揮させ、弱みを組織が無効化することで、成果を最大化すること。

ドラッカーの説く仕事術は、空虚な理想（長所ばかりの人間、欠点のない組織）ではなく、現実の組織とマネージャーの仕事への鋭い洞察から生み出されています。組織固有の欠点を避けながら、私たちが成果を最大化する上で、必須の戦略だといえるでしょう。

ドラッカー

一九〇九年、オーストリア・ハンガリー帝国生まれ。一九四二年に米国ベニントン大学教授となる。シュンペーターとは幼少から親交があった。経営思想家として著作多数。

15
情熱活用戦略

トム・ピーターズ「エクセレントな仕事人になれ!」
自己コントロールで本来の実力を最大限に発揮する
なぜ、人は期待されるほど、いい成果をあげるのか?

ピーターズの集大成となる「人生を変える戦略」とは?

「これからみなさんに私の六三年分の人生経験をお届けする。幼い日の母の叱責、四歳の誕生日のこと、二度のベトナム戦争従軍で上官や同僚たち、海兵隊の連中に教わった教訓、そしてシベリアやエストニア、インドや中国、オマーンやペンシルバニアなどで行った約三〇〇〇回のセミナーで出会った三〇〇万人の参加者から学んだ洞察……」

第四章でも紹介した世界的に有名なコンサルタント、トム・ピーターズの著作『エクセレントな仕事人になれ!』の冒頭の言葉です。著名な活躍をした彼がビジネス人生の集大成と語るノウハウは、私たちの人生にどんな効果を与えてくれるでしょうか。

人は誰でも自分のパフォーマンスを自ら制限している

一九二四年、シカゴ郊外のホーソン工場である実験と調査が始められました。目的は「照明が明るいと作業効率が向上する」という主張の裏付けを取るためでしたが、調査を進めると驚くべきことがわかってきます。

最初に工場の照明を明るくしました。すると作業能率の向上が計測できました。実験を行った学者たちは、これで効果が実証されたと喜んだのですが、次に「照明を暗くして、明るい状態（通常）と比較する」実験を行った際にも、なんと作業能率が向上したのです。次に学者たちは照明を段階的に暗くしたのですが、驚くべきことに暗くするほど、作業能率は上がってしまったのです。

なぜ、このようなことが起こってしまうのか？

最終的な結論として、測るたびに作業効率が向上したのは「研究者が自分たちの能率を計測している」という、作業者側の意識、自分たちが関心を持たれて注目を集めているという感覚が、能率向上の原動力になったと推測されました。

目標達成戦略

ほとんどの人は、自分の取り組む仕事量や能率を、自ら（低く）制限しているのです。人は注目され周囲や上司に気をかけられると、自ら無意識に制限していた労働量を解放します。期待に応えて本来の実力を発揮し始めることができたのです。

これらの効果は、工場の名前を取って「ホーソン効果」と呼ばれています。

上手なホーソン効果の活用で、あなたも同僚もエクセレントになる

原題「The Little BIG Things」の通り、ピーターズの書籍には大差を生み出す小さなヒントが満載ですが、ここでは一五八番目にある「五つの『肝心なこと』リスト」を同書から紹介します（ヒントは全部で一六三もあります）。

①意義

私たちが全力を傾ける価値のある目的。目覚まし時計をかけなくても起きられるくらい、友達や家族や、鏡の中の自分自身に自慢できるくらいの価値がある目的。

②空間

自由に動き回れる可能性。イニシアティブをとっていいと常に励まされている感じ。まわりの人たちから、起業家、変化を起こす人だと思われているという期待。

③品格

過ちに対する思慮深さ。過ちに対する公正さ。自分がかかわり合うすべての人に対する最高の敬意。

④サービス

われわれは必ず「人に奉仕したい」と願っている。あらゆるレベルのリーダーは従業員にサービスする。すべての従業員は同僚や、組織内・組織外の顧客にサービスする。

⑤エクセレント＝デキる

最終的な目標は常に「エクセレント＝デキる」。それ以下ではだめだ。お互いに対する態度であっても、開発する製品やサービスであっても、顧客や取引先との関係であっても。

彼の提言はすべて人間に焦点を当てたものであり、よく見るとホーソン効果を最大限活用する側面があるのがおわかりいただけるでしょう。

ホーソン効果が発揮された人は、普段の日常的な仕事でも並々ならぬ熱意で取り組んで完成させるため、他人と比べて卓越した目立つ存在、つまりエクセレントな人になってしまうというわけです。卓越した人たちは、それを自分自身で行えるのです。

ホーソン効果をあなた自身で生み出しコントロールする

ホーソン効果の基本は、私たちが普段の生活でなんとなく実感していることです。誰でも一時的に、何かの拍子に人に褒められてやる気を出したことがあるでしょう。

問題は、「持続的な活用」と「その最大化」ができるかどうかにあるのです。

「人は自らの労働量を制限している」ならば、ピーターズの提言は、「自らの制限の解除」をあなた自身で行う方法に焦点を合わせているのです。そのエッセンスは次の五つです。

①あらゆる行動にいい意味づけを行う

注目されている、計測されていると労働者が考えることは普段と同じ作業にまったく別の意味を与えました。必要な作業にあなたがいい意味づけをすると、作業に熱意を持つことができるのです。あなたがどんな意味を与えるかが重要なのです。

②常にいまより優れた自分をイメージする

「まだ先がある」、より優れた自分を目指すこと。「エクセレントになること」をあなたのゴールにすると、人からの期待と同じくホーソン効果が発揮されます。あなたに注目し、期待してくれる人と意識的に出会うこともまた重要です。

③相手や周囲にホーソン効果を活用する

他者に注目し配慮すると、あなたが相手にホーソン効果を与えます。積極的に相手の自主性や情熱を引き出せるなら、相手と一緒に成功できます。実験では、計測者が労働者と良好な人間関係を持つグループほど能率が上がりました。

④チェックリストの効用をうまく使う

部屋の中にプレゼントが一〇個隠してある、と子供に伝えると「一〇個」のゴールが明確なので、子供は数個を見つけても意欲を失わず探し続けます。同書は成功のヒントを一六三個も掲げていますが、成長を促すチェックリストは〝この程度で十分だ〟という低い自己目標に陥ることを防いでくれるのです。目標を機能的に使うべきなのです。

⑤人と情報の交差点をつくり出す

あなたにないアイデアを与えてくれる他人に注目し、敬意を払うこと。優れた他人、ほかの分野の人と出会い、交際する「交差点」を常に持つこと。そこであなたと相手にホーソン効果を発揮できるなら、お互いの意欲と行動力をさらに高めることができます。

人から偶然褒められた、注目された一時期だけホーソン効果を得るのは誰でも同じです。あなたが、自身でホーソン効果を継続して生み出すことが、ピーターズの仕事術の神髄であり、世界中のエクセレントな人たちの秘密だったのです。

同じ仕事でも違うゴールを設定すれば成果は段違いになる！

ピーターズは書籍でマーティン・ルーサー・キング牧師の有名な言葉を紹介しています。

「もし道路掃除の仕事を与えられたら、ミケランジェロが絵を描くように、ベートーベン

が曲を作るように、シェイクスピアが詩を書くように道路を掃除すべきだ。天国の主と地上の雇い主を『素晴らしい道路掃除人がいるな』と感心させるぐらいにしっかりとやるべきだ」（同書より）

この言葉は美しいとは思いますが、同時に不思議です。なぜなら、この言葉を知っても知らなくても、道路掃除という仕事の内容は変わらないからです。しかし、人の内面世界を変えることで、シンプルな肉体労働も至高の芸術を生み出す作業のように熱意を込めることが〝可能である〟と信じさせる効果があります。

あなたを熱中させるゴールを設定し、それを情熱的に追求できるなら、同じ仕事を無関心な態度で片づけている他人に大差をつけることは、ごく簡単なことになるでしょう。

理屈や分析の前に、人間の熱意や積極的な行動を引き出せているか？

ピーターズは経営コンサルタントながら、冷徹な分析と数字の支配による弊害を説いており、「ソフトパワーである『人間力』が軽視されている」と主張してきました。

「人間力」と「実現力」に光を当て、この二つを健全な形で強化することが、普通の人が非凡な成果をたたき出す〝エクセレントの秘密〟だと彼は信じているのです。

「目標を高いところに置くな、目標はもの凄く高いところに置け！」と、ピーターズは述べていますが、人間力と実現力を意識して引き出せる人は、自分も周囲も成功させることができます。これは当然のことでしょう。

またイノベーションは、理屈よりも「現状に対する怒り」「本気でムカついている人」を見つけて、仕事に取り組ませることで可能になる、と述べているのもユニークです。

ピーターズ自身が世界中で、人間の発する情熱が壁を打ち破る強力無比な力となることを、目撃し体験したからこその提言だと言えるでしょう。

トム・ピーターズ

一九四二年生まれ。スタンフォード大学で経営学の修士、博士号を取得。海軍勤務やペンタゴン、ホワイトハウスのアドバイザーなどを経て、一九七四年から八一年までマッキンゼーに勤務。

第6章

ライバルに勝利する競争戦略

16

ランチェスター戦略

フレデリック・ランチェスター「ランチェスターの法則」

科学的な数理モデルで「弱くても勝つ」

なぜ、秀吉は三〇万の兵を率いて小田原征伐をしたのか？

軍事作戦に応用された、イギリスのエンジニアの数理モデル

思わぬところで、別の分野の知識や発明が大きな影響を及ぼすことがあります。

日本ではビジネスの経営戦略の一つとして知られる「ランチェスターの法則」は、本来は軍事的な研究から派生した理論です。

独創的な技術者だったイギリスのフレデリック・ランチェスターは、自動車製造販売の事業を売却したのち、航空工学の研究を重ねる過程で、一九一四年に「ランチェスターの法則」という数理モデルを発表します。

彼の発表した法則は、第二次世界大戦中に連合国側で軍事作戦や攻撃効果の分析と決定

に応用され、大きな成果をあげました。

約一〇〇年前に発表されたこの法則は、主に軍事的な分析に使われてきたのですが、現代の日本では、マーケティングや営業戦略としてビジネスマンが活用しています。

ランチェスター本人は、このような未来は想像もしなかったのではないでしょうか。

数理モデルが解いた、勝つための「弱者の戦略」と「強者の戦略」

軍事作戦の数理モデルが、日本で経営戦略として知られているのは、軍事作戦で優位性を生み出すモデルが、マーケティングや販売促進の力学と共通する部分があるためです。

ランチェスターが発表した法則は二つあります。

ランチェスター第一法則「一騎打ちの法則」

古代の戦闘のように一人が一人を狙い撃ちする戦いの状態。三〇人と二〇人で戦いを行うと、一騎打ちの場合は三〇人の側が一〇人残り、二〇人の側は全滅します。

ランチェスター第二法則「集中効果の法則」

一対一ではなく、集団が集団を狙い撃つ状態。一〇人と五人が同じ性能の銃を持って、相手の集団を狙った場合、一回目の同時射撃で一〇人のグループは一〇発の弾丸を発し、五人のグループは五発の弾丸を発射します。

すると一〇人のグループは、相手の五発の弾丸を受け、逆に五人のグループには一〇発の弾丸が襲い掛かることになります。

・一〇人に五発の弾丸が襲う＝当たる確率は二分の一
・五人に一〇発の弾丸が襲う＝当たる確率は二倍

集団が相互に見渡せる戦場では、二倍の兵力があるとき、実際には四倍の戦力差になり、三倍の兵力があるときはなんと九倍の戦力差になってしまうのです。

二つの法則が示すことは、兵力が少ない側は「一騎打ちの戦い」に持ち込むべきであり、兵力が多い側は「集中効果のある戦い」に持ち込むと一気に有利になるということです。

往々にして、下位企業が開発したユニークな商品を、ほぼ完全に模倣して上位企業が発売すると、最終的に大差で上位企業が儲けてしまうことがあります。

ナンバーワン企業が「後追い戦略」で成功できるのは、広告宣伝費が数倍、販売代理店

ランチェスターの法則

ランチェスター第2法則（集団効果の法則）

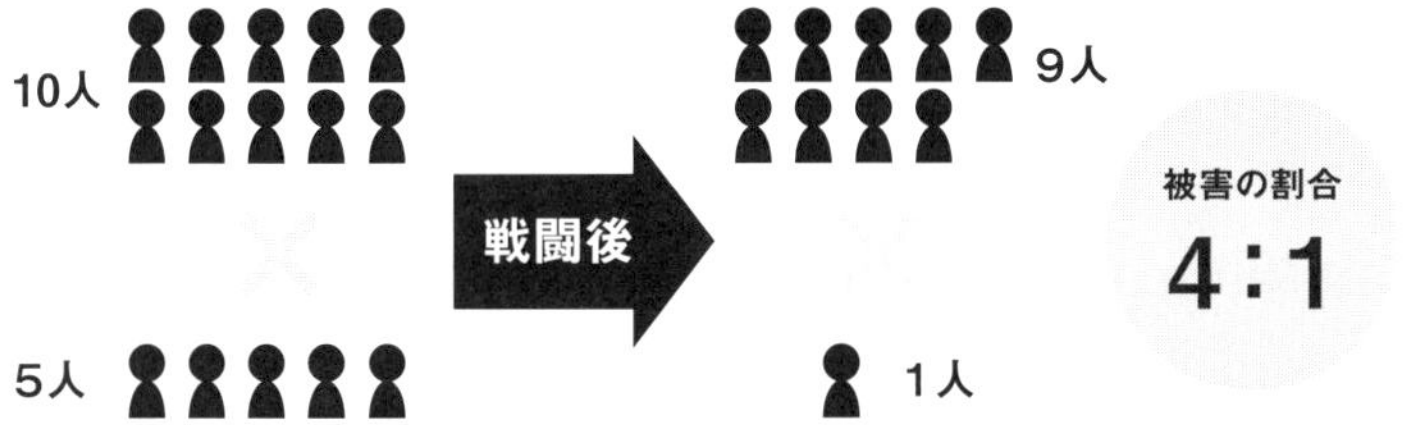

武器の性能が同じなら、
戦闘力は兵力の2乗に比例する

数が少ない弱者の選択

弱者の戦い方

集団対集団では、数の少ない側が圧倒的に不利。弱者は一騎打ちの「第1法則」に持ち込み、一人の武器の性能を上げて勝負すべき。

数が多い強者の選択

強者の戦い方

数の多い側は、集団対集団にすると圧倒的に有利。一騎打ちの勝負をさせず、弱者と集団で戦うことで確実に潰すこと。

（例）規模の大きな企業は、総合力やグループ全体の力を訴求し、数で劣勢の側は、営業マン個人が顧客との関係を強化すること。

も数倍あることで、集団対集団では戦力差が二乗に比例してしまうからでしょう。

集団対抗で同じことをするならば、市場を占拠している側が圧倒的に有利なのです。業界の最大手の営業マンと、下位企業の営業マンが、同じように名刺を出すだけでは、会社の信用度の比較で、最大手の側に軍配が上がります。下位企業の営業マンは、顧客との個人的なつながりを強化するような、一対一の対応を密にして、第二法則の数理モデルから脱出する必要があるのです。

「弱い者いじめの法則」では、「競争目標」と「攻撃目標」を区別する

ランチェスターの法則は、数が多い側のときは「集団で戦い」、逆に数が少ない側であるほど「一対一で比較される」状況に持ち込むべきだと示唆しています。

では、ビジネスにおいて自分より優位な相手と、弱い相手に挟まれているとき、どんな対応をすべきだとランチェスターの法則は示唆しているのでしょうか。

「ランチェスター法則を俗な言葉で表現すれば『市場占拠率拡大の法則は弱い者いじめの法則である』ということにほかならない。つまり、つねに弱者に集中攻撃をかけること。

これがランチェスター法則の結論であるということにもなろう」（田岡信夫著『ランチェスター販売戦略①』より）

この結論を元に、大きく二つのアドバイスを日本の研究者である田岡氏はしています。

一つは、自社よりも上位にある企業を「競争目標」として定めながら、攻撃する相手は自社より下位の弱者にすべきだということです。つまり「競争目標」と「攻撃目標」を分離すべきだと同氏は指摘しています。

その上でマーケティング上の「アイデア（創造力）」が必要な、例えばカタログやダイレクトメールのイメージなどは、「競争目標」である上位企業をどんどん真似る、優れた上位企業からアイデアを拝借するなどが好ましいとしています。

クリエイティブの部分では、上位企業と肩を並べる必要があるのです。

一方、マーケティング上の「ルール（法則）」に相当する地域販促の計画においては、常に「攻撃目標」である自社の下位企業をたたくためのプランを実行すべきです。

地域戦略においては、弱い者いじめが最も効果があることが、ランチェスターの法則から明確にされています。冷徹なようですが、創造性で上位と張り合いながらも、必ず勝てる下位企業から顧客を奪うことが、占拠率の科学が教える勝利の定石なのです。

ところが特定分野でトップの企業が、別業界に参入する場合など、担当者に妙なプライドとジェラシーがあるときは、後発の参入にも関わらず、無謀にも上位企業と一騎打ちをするケースがあり、たいていは敗北に終わってしまうと田岡氏は述べています。

数理モデルが支配する場所で、精神論で戦ってしまう人が日本には多すぎると同氏は触れていますが、太平洋戦争で日本軍が惨敗を喫した理由の一つは、数の理論を無視した無謀な兵力動員にあったことはよく知られている通りです。

弱い者いじめの法則から導かれた「ナンバーワン主義」

ランチェスター法則を経営に応用する際、絶対有利の条件は実はナンバーワンになることだと田岡氏は指摘します。次の三つのいずれかのナンバーワンを目指すべきなのです。

①ナンバーワンの地域をつくる

特定の経済圏の特定都市にでも、必ず一位のエリアを持つことです。そうすることで、市場の増加に対して、自社が最も恩恵を受ける場所をつくり上げることができます。逆にナンバーワンのエリアが一つもなければ、常に上位企業より少ない伸び率で我慢しなければならず、永遠に勝つことができません。

②ナンバーワンの得意先をつくる

どの顧客でもいいので一番多い受注を任せてくれる関係の顧客をつくり上げること。顧客の成長に伴って、自社が一位企業であれば最大の恩恵を受けることになる。逆にどの顧客に関しても自社が下位ならば、常に上位企業側の売上増加が先に起こります。

③ナンバーワンの商品をつくる

特定カテゴリ、もしくは専門化した用途でナンバーワン商品をつくり上げる。他の要素と同様に、すべての商品カテゴリで下位に甘んじていると、常に売上の伸びは上位企業に劣らざるを得ず、万年下位が固定化してしまいます。

ナンバーワンをつくることはランチェスターの第二法則である「集中効果」の恩恵を受けることです。限定された部分でも、一位の立場は上位企業を超える売上増加を実現するきっかけになるからです。

逆に、上位企業は自社の営業マンや販売店が多いため、商品のナンバーワンをつくり続けることで、規模の優位性を勝敗の分かれ目にし続けるべきなのです。

豊臣秀吉と皇帝ナポレオンに共通する「勝ちやすきに勝つ」

戦国の日本で天下を統一した豊臣秀吉と、フランス革命の時代に出現し、ヨーロッパ中を席巻した皇帝ナポレオンにはある共通点があります。それは「戦場において優勢になる地点をひたすら求めて戦った」ことです。

豊臣秀吉の戦闘法について、田岡氏は著作で次のように書いています。

「味方の兵力数と比較して、敵が一兵でも多い場合には絶対に戦いをしないという鉄則を守った。（中略）たとえば、小田原の北条氏をたたいたときには、秀吉は実に三〇万の兵力を投入した。これに対して北条氏は、わずか四万であった。したがって、数日で戦闘は終わってしまったようである」（同書より）

欧州大陸のほとんどを占領したナポレオンも同様です。

彼はイタリア遠征でも、自軍が有利にならない陣地で決して戦闘を始めませんでした。重要な攻略拠点だと思われる場所ではなく、敵より多く味方が集結できる場所が発見できるまで、移動を続けることを選んだのです。フランス軍は局地戦で相対優位を選んで連勝を続け、最後はヨーロッパを席巻する大軍に膨れ上がります。

最古の兵法書である『孫子』にも、一〇倍の兵力があれば敵を囲み、五倍の兵力があれば攻めまくる、兵力が劣っていれば逃げるべきであるとの記述があります。

優勝劣敗、多いほうが勝ち、少ないほうが負けることは、戦闘の永遠の真理の一つです。それを公式にまとめたのがフレデリック・ランチェスターであり、ビジネスに使える経営戦略に落とし込んだのが、田岡氏をはじめとする日本の研究者たちだったのです。

集団で競うときの支配的な力学と個人の感情を切り離す

古代から現代まで、戦いは人の気持ちを高揚させる状態であり、ともすれば感情が先走ることになりがちです。しかし、ランチェスターの法則が示すことは、集団と集団が激突する場面では、明確な数理モデルが支配する状況が存在することです。

そのため、個人の熱意や意欲と数理モデルの二つが支配する場面を、明確に区別して、両者が共に最大限の効果を発揮する状態をつくり上げることが勝利に不可欠なのです。

ランチェスター

一八六八年生まれ。技術専門学校を卒業後、三一歳で自動車の製造販売で独立。数年後、事業を売却しその後は技術コンサルタントとして活動、一九一四年にランチェスターの法則を発表する。

17
競争優位戦略

マイケル・ポーター「競争戦略」
「攻撃」と「防御」を攻略して競争に打ち勝つ

ビジネスの競争において勝者と敗者を分ける要因とは何か？

「防衛」と「参入」、競争の基本としての二つのアクション

マイケル・ポーターといえば「競争戦略」の分野では知らない人がいない大家です。史上最年少でハーバード大学の正教授となり、著作『競争の戦略』は世界中の経営大学院でテキストとして使われています。にも関わらず、ポーターの理論を理解している人、詳しく読んだ人は、意外に多くないのではないでしょうか。

ポーターの理論で有名な内容は次の二つです。

・五つの競争要因（ファイブ・フォース分析）

・三つの基本戦略（コストリーダー、差別化、集中）

実際には、この二つの内容は『競争の戦略』の前段に過ぎません。同書の中盤から後半は、ほぼすべて〝参入障壁〟の分析と活用法が解説されています。

競争の基本としての二つのアクション

①自社の「防衛力」を高める
②他社の業界に効果的に「参入」する

自社の防衛力の強化は、相手への「参入障壁」であり、みなさんの会社が別の業界を攻めるときは、自社は「参入障壁」を突破する側です。攻守において相手と自分を隔てる壁を、徹底的に強化・攻略することこそポーターの理論の神髄なのです。

ロブスター漁業に大規模化を持ち込んで破綻したある企業

『競争の戦略』に、プレルード・コーポレーションの失敗例が出てきます。

「ロブスター漁業のGM」を目指した同社は、最新技術の高価な漁船で大船団を組み、船の修理やドック施設も社内に備えて、トラック輸送やレストランと垂直統合も進めました。ロブスター漁業に大規模化を持ち込んで勝とうとしたのです。

隙のないように見えた同社の参入は、零細漁民たちから猛烈な反撃を食らいます。漁民が値段を限界まで下げ始めたのです。間接費や固定費が多くなった同社に比べ、零細漁民の「何でも自分でやる」「家族が食べていければ十分」という低コスト化が可能な環境に太刀打ちできず、プレルード社はやがて操業停止に追い込まれました。

零細漁民は、大手企業の参入を「防衛力」をフル活用して撃退したのです。

ジレット社がデジタル時計のテスト・マーケティングをしたときも同じ結果となりました。同社の動きに反応した既存企業の大幅な値下げ攻勢で、ジレットは参入を諦めたのです。

一方、タイメックス社はスイス製腕時計が支配している業界に参入する際、低価格だが丈夫な製品を発売。時計の流通の中心だった宝飾店ではなく、スーパーマーケットなどを中心に売り場を展開して大きくシェアを伸ばしました。

スイス勢は高級品が主力のため、低価格で反撃できず、支配していた既存流通とは違うマーケットに進出されたことで、タイメックスの動きを阻止できませんでした。

攻守共に、参入障壁を効果的に使いこなす側が「競争の勝者」になるのです。

「攻撃」と「防御」の攻略が勝敗を分ける

参入障壁を境に、「攻撃する」「防御する」の二つのアクションが、いかに効果的であるかがビジネスの勝敗を分けるのです。ここで、五つの競争要因が浮かび上がります。

ポーターの指摘

「効果的な競争戦略とは、五つの競争要因ごとに防衛可能な地位をつくり出すために、攻撃あるいは防御のアクションを打つことなのである」（土岐坤他訳『競争の戦略』より）

五つの競争要因（ファイブ・フォース）

①新規参入企業
②代替品
③供給業者
④買い手

⑤競争業者

ポーターの言葉から、彼が定義する五つの競争要因は、主に現時点のポジションが「どのように防御（攻略）可能であるか」をわかりやすく分析する、発想の起点と考えることができます。

攻撃するときの五つの競争要因

①「新規参入」が容易になる状態をつくり上げる
②「代替品」として既存品に置き換わる
③「供給業者」と他社の関係を破壊する
④「買い手」を新たな商品に誘導する
⑤「競争業者」の優位性を破壊する

防衛するときの五つの競争要因

①「新規参入」が難しい状態をつくり上げる
②「代替品」がない独自性を追求する

③「供給業者」と特別な関係を築く
④「買い手」が浮気できない状態にする
⑤「競争業者」への優位性を維持する

このように見ると、五つの競争要因が「攻撃」と「防御」の起点としてヒントになることがわかります。ロブスター漁では、零細漁民が低コストで新規参入を阻止し、タイメックス社は、逆に低価格と新たな流通経路で、腕時計業界への攻撃に成功したのです。

五つの競争要因で、ロブスター漁の逆転方法を考える

では、ロブスター漁において大手企業側が勝つためには、どうすればよかったのか。

ポーターはこのような場合、「参入障壁となっている主要因を無力化するか切り離す」ことができるか否かが、勝負の分かれ目だと主張しています。

零細漁民の低価格化という参入障壁に留意して、ここで攻撃方法を考察してみましょう。

ポーターのファイブ・フォース
（5つの競争要因）

防御のアクション例

- 「新規参入」が難しい状態をつくり上げる
- 「代替品」がない独自性を追求する
- 「供給業者」と特別な関係を築く
- 「買い手」が浮気できない状態にする
- 「競争業者」への優位性を維持する

攻撃のアクション例

- 「新規参入」が容易になる状態をつくり上げる
- 「代替品」として既存品に置き換わる
- 「供給業者」と他社の関係を破壊する
- 「買い手」を新たな商品に誘導する
- 「競争業者」の優位性を破壊する

競争戦略とは、5つの競争要因ごとに「攻撃」か「防御」のアクションを打つこと。

①「新規参入」が容易になる状態をつくり上げる

（例）レストランチェーンをつくるか買収して、卸機能を自社で行う。

②「代替品」として既存品に置き換わる

（例）複数エリアからの仕入れ対応を強化する。

③「供給業者」と他社の関係を破壊する

（例）漁業エリアの一部を買い取る、大規模な養殖事業化など（供給元は海なので）。

④「買い手」を新たな商品に誘導する

（例）レストランチェーンであれば、品質管理等によるブランド化と調理法を向上させる。

⑤「競争業者」の優位性を破壊する

（例）零細漁業者側が、低価格への柔軟性がある場合、価格で競争する立場に参入せず、むしろ低価格を業者間で競わせて得をする立場を強化する。

零細漁業側が使える参入障壁を、無力化するか切り離す状態で大手側が攻撃を行えば、相手は一方的に支配される側に回らざるをえません。ポーターが描いた参入障壁への理解の深さは、そのまま競争に勝利する道へと通じているのです。

ポーターが提唱する「三つの基本戦略」とは？

次にポーターの理論として有名な「三つの基本戦略」を見てみましょう。

ポーターは「五つの競争要因に対処する場合、他社に打ち勝つための三つの基本戦略がある」と書いています。

ポーターの三つの基本戦略

①コストのリーダーシップ
②差別化
③集中

なお、ポーターの「戦略」の定義は、実際には「到達すべき状況」としての〝目標〟に近いものです。「三つの基本戦略」は、「コストリーダーを目標とする」など「三つの望ましい目標」と言い換えるほうが理解しやすいでしょう（この点はたいへん誤解が多い）。「五つの競争要因」と「三つの基本戦略」の組み合わせで例示してみます。

（例）「新規参入」が容易になる状態をつくりあげるには？

①コストリーダーになるか？　②差別化を目標にするか？　③集中状態を目標とするか？

（例）「代替品」として既存品に置き換わるには？

①コストリーダーになるか？　②差別化を目標にするか？　③集中状態を目標とするか？

五つの競争要因それぞれに対して、三つの基本戦略（目標）のどれかを目指すことが、参入障壁を強化（防御）・撃破（攻撃）する際の、有効なアクションへとつながるのです。

ポーターは「三つの基本戦略」と書いていますので、五つの競争要因を強化する方法は、実際には他にもあるが「この三つが基本」だと考えています。

参考までに、彼が著作で触れている、三つの目標を実現する手段も列挙しておきます。

ポーターの3つの基本戦略

1 コストのリーダーシップ　2 差別化　3 集中

※本書では3つの基本戦略は「目指すべき目標」と解釈する。なぜなら、この3つの基本戦略を実現するには、手段を別に見つける必要があるため。

防御

(例)ロブスター漁のプレルード・コーポレーション

1 コストリーダーシップ

大規模化を持ち込んだが、コスト優位の構造がある零細漁民が、コストリーダーシップを目指したため、新規参入を撃退!

攻撃

(例)腕時計のタイメックス社

2 差別化

スイス製高級腕時計が強い業界で、価格帯の差別化、流通の差別化を目指して参入障壁を見事に破壊!

参入障壁となる主要因を無力化するか、切り離すことが勝負の分かれ道。

①「コストリーダーシップ」を実現する手段

効率のよい生産設備の追求、作業者が経験を重ねることによるコスト削減効果、コスト・経費の管理徹底、原材料入手法の工夫、製造しやすい製品設計、コスト分散が可能な製品ラインなど。

②「差別化」を実現する手段

製品設計・ブランドイメージ、テクノロジー、製品特長、顧客サービス、ディーラー・ネットワーク、耐用年数の長さなど。

③「集中」を実現する手段

買い手グループ、製品の種類、特定の地域市場、特定化することでの差別化・低コスト達成など（※集中については、特定の製品群や顧客層、エリアの限定で、コストリーダーシップと差別化の両方を、狭いターゲット向けに実現できることもある）。

「五つの競争要因」は参入障壁を強化・撃破する起点であり、それぞれの競争要因は「三つの目標」のいずれかを目指すことが改善の基本です。三つの目標を実現する「手段」は多種多様ですが、事例としてここに記したリストのような行動が挙げられるのです。

ポーターの理論の実践には「手段の考案」が不可欠

ビジネスのあらゆるシーンで「攻撃」と「防御」は、永遠のテーマと言える戦いです。「参入障壁となっている主要因を無力化するか切り離す」との指摘は至言で、通販で購入される商品が増える中、地方都市では物販ではなく、カフェやレストラン、フィットネスジムなどの体験型ビジネスが盛んであることも、その一例と言えるでしょう。

すでに飽和状態の業界に、低コストで参入する際にも、最近は工夫が凝らされています。二四時間営業のレンタカー店にカラオケルームを併設するなどは、従業員の管理コストを下げるために有効な上に、スタッフが待機している時間を利益に転換しています。

効果的に参入できた場合「その業界の参入障壁をさらに高めて支配する」ことも重要です。自社が空けた風穴を塞ぎ、新たな均衡をつくり上げて有利なまま支配するためです。

ユニクロはファッション業界で製造型小売業の業態（ＳＰＡ方式）を導入し成功したのち、全国の主要な商業施設や駅に出店し、機能性商品の開発や大量のＣＭでブランド化を成し遂げました。

同社が迅速に障壁を高めたことで、後発企業は単に同じことをするだけでは、SPA方式を導入しても衣料品チェーンとして全国展開できなくなったのです。

マイケル・ポーター

一九四七年生まれ。ハーバード大学大学院で経営学修士、博士号を取得。一九八二年に史上最年少で同大学の正教授に。著書に『競争の戦略』『競争優位の戦略』等。競争戦略の世界的権威。

18

市場創造戦略

チャン・キム、レネ・モボルニュ「ブルー・オーシャン戦略」
「差別化」と「低コスト」で新しい市場を切り拓く

なぜ、シルク・ドゥ・ソレイユは斜陽産業でブレイクしたのか？

斜陽産業のサーカスで売上を一気に伸ばしたシルク・ドゥ・ソレイユ

火食い芸の大道芸人だったギー・ラリベーテが一九八四年にカナダで設立したパフォーマンス集団が、世界的に有名なシルク・ドゥ・ソレイユです。

この集団は、サーカス業界に君臨するリングリング・ブラザーズ＆バーナム＆ベイリー・サーカスが一〇〇年以上かけて到達した売上高を、わずか二〇年足らずで達成しています。

シルク・ドゥ・ソレイユは書籍『ブルー・オーシャン戦略』の冒頭に事例として紹介されていますが、その理由は彼らが斜陽産業で新たな飛躍を成し遂げたからです。

競争戦略

伝統的なサーカス業界の問題

・花形パフォーマーの出演料の高騰
・子供への他のエンターテインメント（ゲームなど）の影響
・サーカスへの動物愛護団体からの反発

伝統的なサーカス業界では、客を集める一部の花形パフォーマーに人気が集中してコストが高騰、近年は子供向けのエンターテインメントが無数に提供されていることで、観客数の減少に歯止めがききませんでした。動物愛護団体からのサーカスへの反発も起こります。

これらのマイナス要因を乗り越えて、シルク・ドゥ・ソレイユは世界的な成功を収めます。しかも、他のサーカスの顧客を奪わず、業界の大手に戦いを挑むことなくです。

シルク・ドゥ・ソレイユは大人と法人客というまったく新しい顧客を対象にしており、チケット価格は演劇と同じ水準、従来のサーカスの数倍です。彼らは従来の大手と競争をしないことで高価格・高利益を実現したのです。

競争しないことで高価格・高利益を実現する

「競争相手が増えるにつれて、利益や成長の見通しは厳しくなっていく。製品のコモディティ化が進み、競争が激しさを極めるため、レッド・オーシャンは赤い血潮に染まっていく」（有賀裕子訳『ブルー・オーシャン戦略』より）

シルク・ドゥ・ソレイユの場合、レッド・オーシャン（既知の市場空間）での戦いは従来のサーカスと同じように高額のパフォーマーを雇い、維持コストの高い動物を使い、ターゲット顧客である子供たちを大手と争って獲得する、というイメージです。

しかし、レッド・オーシャンの言葉通り、これでは投下した資本を高い効率で利益に転換できません。市場の広がりがなく、他社と比較して独自の魅力もないからです。

レッド・オーシャンでの戦いは、激烈で儲からないのです。

企業がレッド・オーシャンの戦いを重視する理由は、過去の戦略論の概念が原因です。「領土が限られているため、敵を打ち負かさないと繁栄できない」（同書より）という、歴史上の戦争の制約条件を、ビジネスに持ち込む誤解が不毛な戦いを助長しているのです。

リアルなビジネス界では、新たな市場の開拓で成功した事例が溢れています。ブルー・オーシャンを生み出すことを狙った新規事業は、レッド・オーシャンでの新事業に比べて利益の面で企業により大きく貢献している点も指摘されています。

「差別化」と「低コスト」でマーケットを拡大する方法

新市場の発見という概念は、近年の優れたイノベーション論では何度も語られています。ブルー・オーシャン戦略を提唱したW・チャン・キムとレネ・モボルニュは、共にフランスINSEADの教授であり、二〇一三年には「Thikers50」の二位に選出されました。二人の視点がユニークなのは、実際に企業がこの戦略を導入する過程の考察にあります。注目すべき点は、「差別化」と「低コスト化」を同時に実現すべきだと何度も強調していることです。「差別化」のみで新規市場の開拓を狙っても、コスト優位性がなければ、あとから参入した別企業に、簡単に新市場を乗っ取られることが理由でしょう。

「イノベーションと価値を結びつけられなかった場合、技術イノベーターや市場のパイオニアは往々にして、自分たちで卵を産み落としながら、他社にそれを孵化される、という運命をたどりかねない」（同書より）

イノベーションと価格、コストなどを調和させて、消費者側に魅力的な変化となることを「バリュー・イノベーション」と呼び、この戦略の中心軸としています。

また、新たな機能や利便性が増すことで、高価格に転嫁した商品にも否定的です。このような商品（と高価格）では購入者の数が増えず、機能上のイノベーションが含まれていても、新たな市場を十分な大きさで生み出す原動力とならないからです。

ブルー・オーシャン戦略ではイノベーションの重要性と同時に、それをマーケット化するアプローチ法にも力点が置かれています。新たに発見した市場の「サイズ（大きさ）」をどれほど魅力的にできるかが議論されている点も優れています。

一つの懸念は、有望な新市場を発見する作業を企業戦略の中心軸にすることで、地味で時間のかかる技術蓄積型のイノベーションを起こす能力が弱まる危険性です。

ブルー・オーシャン戦略の技術は、多くがマーケティングに属しており、時に大きな効果があることでそれ以外の能力の蓄積を軽視する雰囲気を企業に生み出しかねないのです。

魅力的な市場を見つける六つのパス

ブルー・オーシャン戦略では、新市場を生み出す場合に「商業的に魅力があるか否か」を重視します。そのため、この戦略では発見のためのツール「魅力的な市場を見つける六つのパス」が提示されています。

①代替産業に学ぶ

大成功したアメリカのサウスウエスト航空は、飛行機の代替として自動車による移動に着目し、自動車並みのコストでフライトを提供し人気を得ています。資産管理ソフトのクイッケンは、ソフトウエアの代替である鉛筆の走り書きによる簡素な使いやすさを目指してヒット商品となりました。

②業界内の他の戦略グループから学ぶ

フィットネス・フランチャイズのカーブスはこれまでのフィットネスクラブと、家庭用の運動プログラムの魅力的な点を融合して新たな市場を切り拓いています。前者の魅力は「通うことへの強制力」「やる気を高める環境」であり、後者の魅力は「安価で手軽」「(女性が)異性の目を気にせずにできる」点です。それ以外の点は極度に削ぎ落としていることも特徴です。

③買い手グループに目を向ける

製品やサービスは購入者と利用者が異なることがあります。デンマークの製薬会社ノボは、医師ではなく利用者である糖尿病患者への利便性に注目して、ペン型インシュリン注入器を開発。独占的な市場の獲得に成功しています（ヨーロッパで六〇％、日本で八〇％）。

④補完財や補完サービスを見渡す

何かを付け足すことで価値が倍増するものがあります。フィリップス・エレクトロニクスはイギリス人がお茶を入れるとき、同社のヤカンではなく水質に問題があることに気づき（石灰含有量が多い）、フィルター付きヤカンを発売して大成功を収めました。

⑤機能志向と感性志向を切り替える

スイス製腕時計のスウォッチは機能志向の強かった業界で、感性志向のファッションを取り入れて成功し、イギリスの保険会社ダイレクトラインは「顧客との心の絆」ではなく、迅速な保険金支払い、手続きの簡素化などの機能性で成功した例です。

⑥将来を見通す

未来予測を元に、トレンドについていくだけではなく先回りすることで新たな市場の発見と独占が可能になります。音楽の無料ダウンロードが流行する兆しを見つけたアップルのiTunes、高速データ通信の需要の伸びに着目した、シスコシステムズの互換性の高いネットワーク機器などは高いシェアと高利益の新市場を生みました。

見慣れている企業や同業、既存顧客とは「別の体系」から異なる特徴を探すことで新市場のヒントを見つける、という点で六つは共通しています。

対象顧客が違うことで、価格帯ごとに同業界でも違う戦略を採用していることが多いものです。別の価格帯の違う戦略と組み合わせることで、新たなブルー・オーシャン発見のヒントとなることがあります。

金鉱脈なら、一番分厚いところまで価格を掘り下げる

新市場を一番に発見できたとしても、必ず追従する企業が出てきます。

ブルー・オーシャン戦略が「低コスト化」と「差別化」を両立すべきと指摘するのは、量産化や低価格化が得意な二番手以降の企業に、せっかく見つけたおいしい新市場を奪われないための措置なのです。

ブルー・オーシャン戦略の構造

「ブルー・オーシャン」という市場は先に存在しない。
新たな消費者を呼び寄せた結果として形成される。

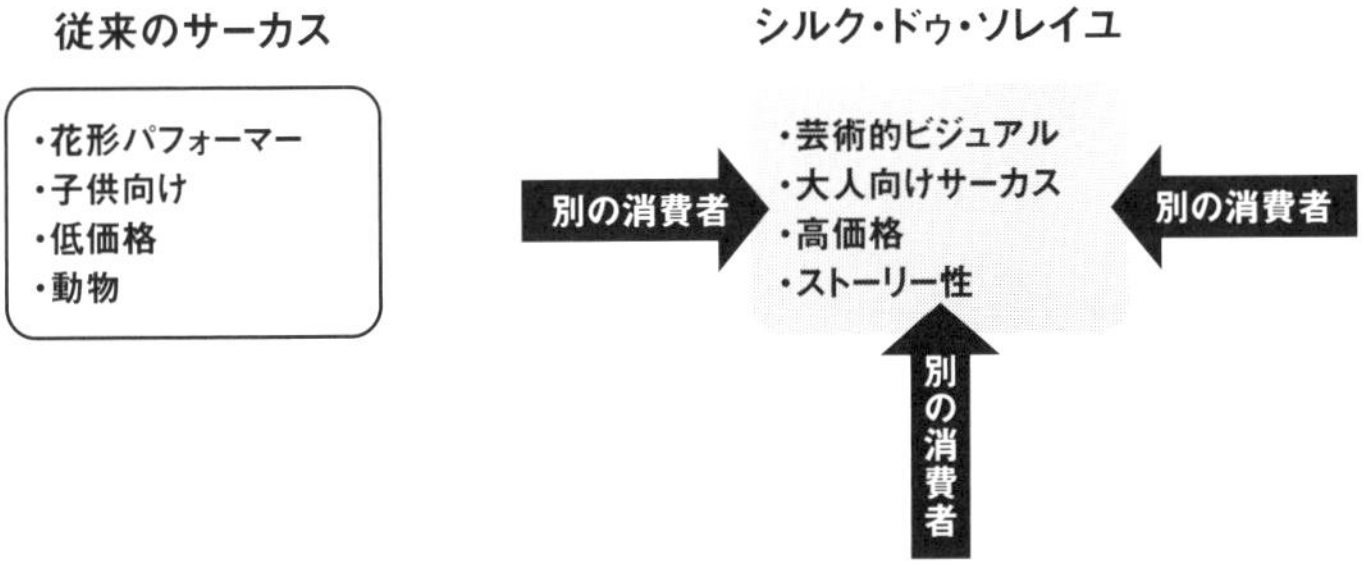
従来のサーカス
・花形パフォーマー
・子供向け
・低価格
・動物
シルク・ドゥ・ソレイユ
・芸術的ビジュアル
・大人向けサーカス
・高価格
・ストーリー性
別の消費者
別の消費者
別の消費者

新たな市場を誘引する6つのパス

代替産業
自動車の移動と同じ価格で
航空券が買える

別の戦略グループ
別の価格帯で別の顧客へ
アプローチ

本当の買い手
最終利用者への利便性を
向上させる

補完サービス
何か付け足すことで価値を
倍増させる

機能⇔感性
スウォッチは機能業界で
感性に訴えて成功

トレンドを先回り
社会的なニーズの高まりを
先回りする

その上で「市場拡大につながる価格帯」を狙え、としているのは発見した金鉱脈（新市場）の中で、消費者の層が最も厚いところまで価格を下げることで、利益率と販売数量の大きさを兼ね備えた旨みのあるビジネスに育てることを提案しているのです。

ブルー・オーシャン戦略の示すポイントにより、高性能・新技術で新市場をつくりながら、価格が高いことでハイエンド以外に販売が広がらず、やがて新興国による量産品化で市場の最も分厚く儲かるところを簡単に奪われてしまう、最近の日本企業の失敗の理由も説明できるでしょう。

新市場という金鉱脈を見つけたら、コスト削減を早急に行い量産化が得意な二番手を食い止め、販売数の一番多い価格帯を探し当てて販売数量も最大化すべきなのです。

（左）チャン・キム
（右）レネ・モボルニュ

チャン・キムと共著者のレネ・モボルニュは共に、フランスINSEADの教授職。『ブルー・オーシャン戦略』を世に出した二人は、二〇一三年にThikers50で第二位に選出された。

第7章

問題を解決するフレームワーク戦略

19

問題解決戦略

マッキンゼー・アンド・カンパニー「7S」「PMS」
問題点を最速で浮かび上がらせる思考の枠組み

世界中で使われる問題解決のフレームワークとは?

財務管理サービスから始まったマッキンゼー

マッキンゼー・アンド・カンパニーの創始者、ジェームズ・O・マッキンゼーは一八八九年アメリカ・ミズーリ州の生まれ。教育学の学士号を取得後、アーカンソー大学、シカゴ大学で学び、セントルイスでは簿記を学びます。

第一次世界大戦では、陸軍に召集され兵站《へいたん》部の少尉として補給業務に関与します。除隊後は、会計の修士号を取得。会計事務所に一時勤務し、一九二五年に会社設立。当初は、会計・財務データを意思決定に生かす方法を提示していました。

「会計は過去の記録だと見なされていた。マッキンゼーはその方向を未来に変えて、効率的な経営の道具にした」（ダフ・マクドナルド著／日暮雅通訳『マッキンゼー』より）と指摘されています。当時は「財務・予算管理サービス」を提供していた会社だったのです。

一九七〇年代の「戦略コンサルティング会社」への転換点

創業者マッキンゼーのあと、同社は歴史的に二度の転換点を経験しています。

①会計＋組織コンサルティングへの転換

マッキンゼーの後任、マーヴィン・バウワーは、法律事務所に勤務時、大恐慌で倒産した企業の処理を担当した経歴を持ちます。企業は無能なCEOのせいで倒産するのではなく、CEOに「情報が不足していた」ために倒産することに彼は気づきます。

硬直的な上下関係の組織では、部下が上司に報告せず、その連鎖でCEOは孤立する一方、正しい経営判断に必要な知識は、最前線の現場にあることが多かったからです。

マッキンゼーは「会計士による経営診断と計画」から、CEOの助言者という新しい役割を果たす集団に変貌します。バウワーの時代に、マッキンゼーの社員は会計士ではなく「経営コンサルタント」になったのです。

②組織＋戦略コンサルティングへの転換

二番目の転換は、一九七〇年代に同社のフレッド・グラックによって主導されました。企業の戦略ニーズに応えるため、世界中から同社の三〇人のコンサルタントを集めて、二日間「戦略にどのように取り組んでいるか」を議論させたのです。この議論の中で能力を証明した一人は、一九七二年に入社した若い日本人でした。

「グラックが参加者に議論の結果について一人ずつ感想を述べるように求めたとき、ロンドン・オフィスのあるパートナーはこう断言した。『キリスト教徒〇点、ユダヤ教徒〇点、大前研一一〇〇点』」（ウォルター・キーチェル三世著／藤井清美訳『経営戦略の巨人たち』より）

大前研一氏は、のちにマッキンゼーの日本支社長、アジア太平洋地区会長を歴任することになりますが、グラックの戦略コンサルティングへの転換でもっとも実力を発揮した一人であり、同社の戦略探究に大きな貢献をすることになります。

一九七七年に戦略、翌七八年には組織のプロジェクトが行われ、組織プロジェクトから有名なマッキンゼーの「7S」が開発されます。これを担当したのが『エクセレント・カンパニー』でのちに有名となるピーターズとウォーターマンの二人です。

マッキンゼーの7S

- **機構（structure）**
- **戦略（strategy）**
- **スキル（skills）**
- **スタッフ（staff）**
- **スタイル（style）**
- **システム（systems）**
- **共通の価値観（shared values）**

企業の業績改善が、事業ポートフォリオの変更と、組織機構を変えることで可能だと信じられてきた時代に、ピーターズという特殊な人物が、「超優良」な企業が実は成功を支える価値観に支配されていると提言したことは、強い驚きを持って受け止められました。『エクセレント・カンパニー』は世界累計六〇〇万部も売れ、企業のソフト面がいかに重要であるかを、世界中の経営層に知らしめることになったのです。

マッキンゼーの7S

70年代までの経営者の幻想

2S(戦略・機構)を変えれば業績を上げられる

新たに要素を追加

隠されていた5S
(共通の価値観・システム・スタイル・スタッフ・スキル)を発見

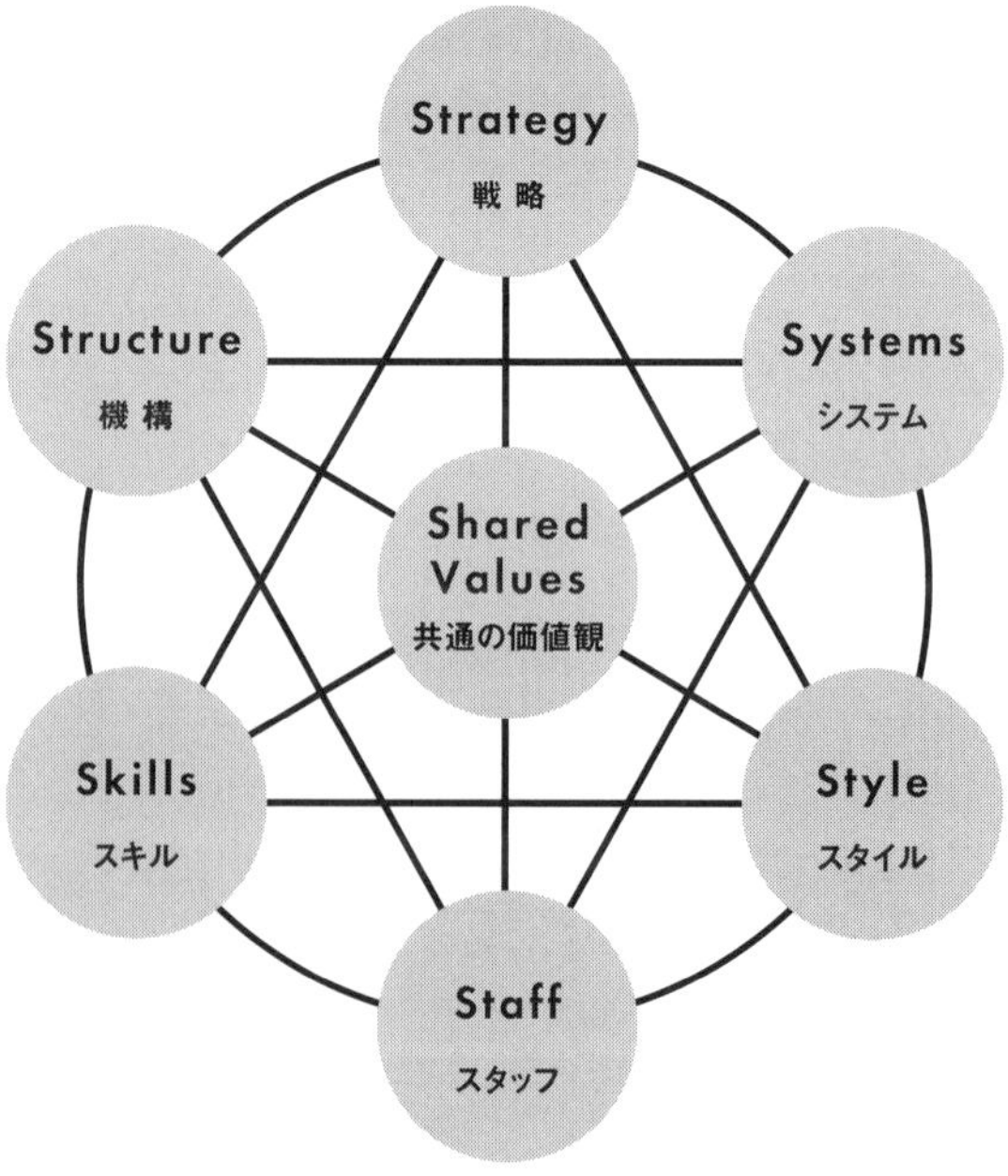
Strategy
戦略
Structure
機構
Systems
システム
Shared Values
共通の価値観
Skills
スキル
Style
スタイル
Staff
スタッフ

製品・市場戦略を決める「PMS」

組織の「7S」に対して、戦略のフレームはどのように生み出されたのでしょうか。

ここでは大前研一氏編著の『マッキンゼー現代の経営戦略』から、マッキンゼー日本支社でつくられ、世界中の拠点で使われるようになった製品市場戦略＝「PMS（プロダクト・マーケット・ストラテジー）」の概略を解説しておきます。

①市場分析から成功のカギ（KFS）を抽出

業界・製品でどんな要素が成功のカギかを見定める。例えば次のようなケースがある。

・一九九五年ごろの携帯電話＝KFSは通話圏の広さ
・コーヒーなどは原料確保
・百貨店は品揃え、立地
・製紙業では木材のセルロース活用率

②自社の現在の実力とKFSの隔たり

業界の成功のカギと自社の実力の隔たりを理解する。遠い場合はニッチ戦略（他社が進出していない市場で戦う）を、自社が大手でKFSを持つ場合は、下位企業のニッチを潰すプラグ戦略（市場の隙をすべて埋める）を採用する。

③実行計画を作成し、結果のモニターとフォローを行う

分析の結果から、自社がどのような戦略を取るか決定し、計画を作成。実施を段階的に確認し、結果に対して修正を行う。

製品市場戦略（PMS）は野球選手に例えるとわかりやすいかもしれません。野球界では打撃力が一番高く評価される指標（KFS）ですが、打撃力が低い選手は、それ以外の指標である、守備力や走塁力を鍛えて「鉄壁の守備を誇る二塁手」という、ニッチだが生き残れるポジションをつくり上げる必要があります。

一方で、もともと打撃力のある選手は、先の選手のニッチを潰すために、守備の器用さを鍛えて「二塁手も打撃力があるのが当然」という状況をつくり出すべきなのです。

PMSの分析の特徴は、業界内での成功のカギ、という要素を軸に分析を展開することで、一般的な分析に比較して、よりリアルな市場の現実を捉えた判断ができることでしょう。

製品市場戦略＝PMS
（プロダクト・マーケット・ストラテジー）

事例① 自動車業界のPMS

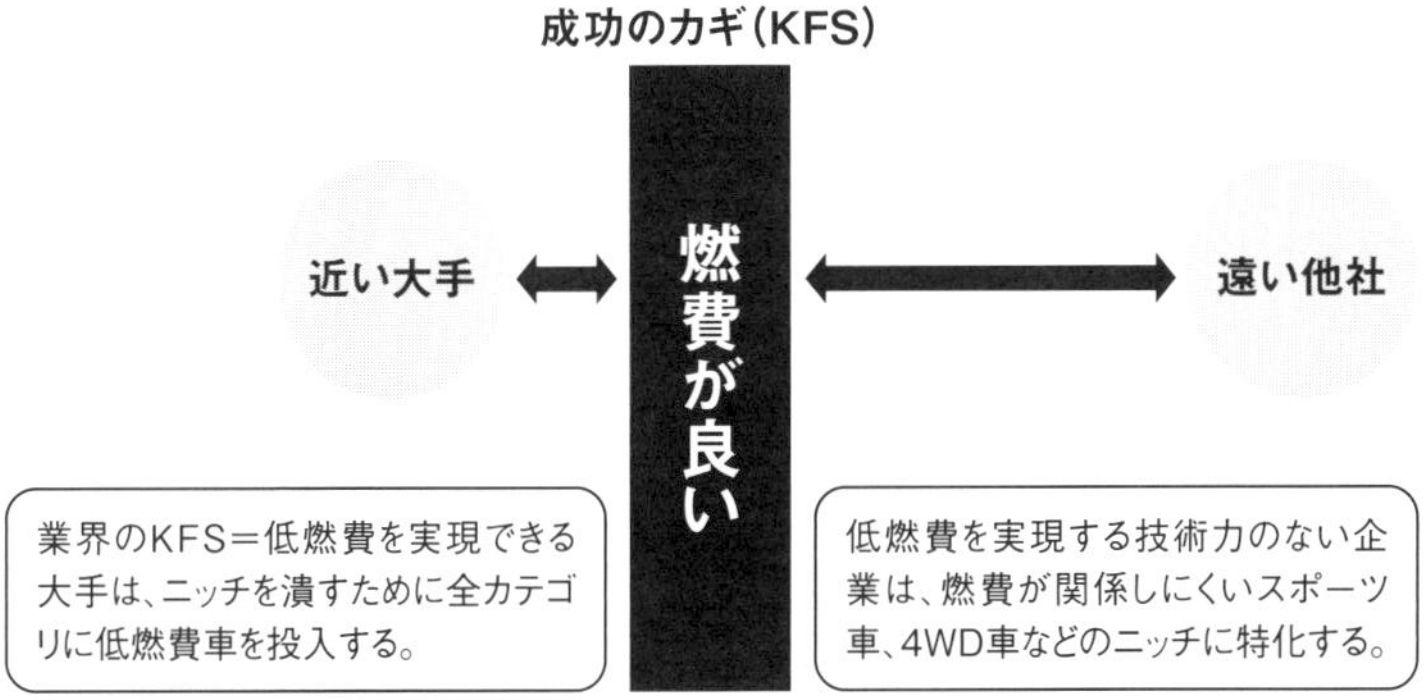
成功のカギ（KFS）
燃費が良い
近い大手
遠い他社
業界のKFS＝低燃費を実現できる大手は、ニッチを潰すために全カテゴリに低燃費車を投入する。
低燃費を実現する技術力のない企業は、燃費が関係しにくいスポーツ車、4WD車などのニッチに特化する。

事例② 1995年の携帯電話のPMS

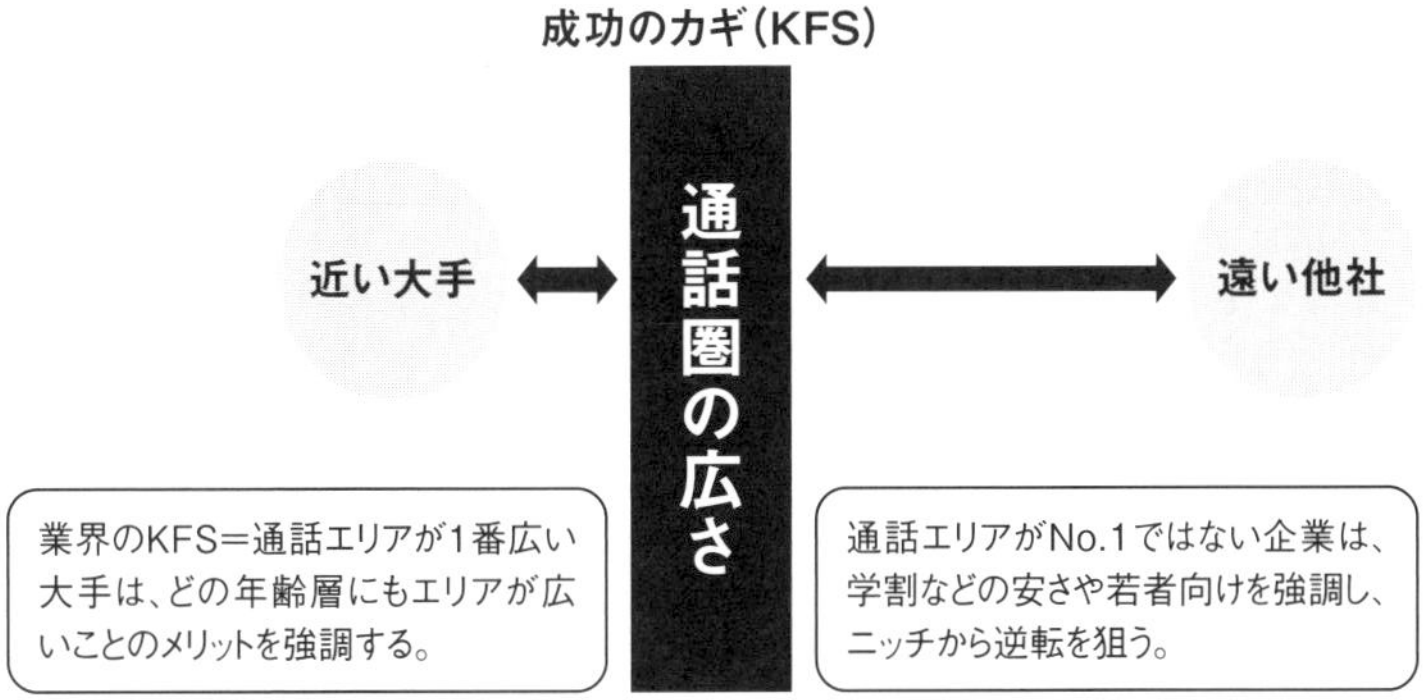
成功のカギ（KFS）
通話圏の広さ
近い大手
遠い他社
業界のKFS＝通話エリアが１番広い大手は、どの年齢層にもエリアが広いことのメリットを強調する。
通話エリアがNo.1ではない企業は、学割などの安さや若者向けを強調し、ニッチから逆転を狙う。

思考の枠組みを使って問題解決力を高める頭脳集団

効果的な思考フレームは、多くのコンサルタントにとっても、経験を補う形で高いクオリティーのコンサルティングを可能にします。ゼロから問題を定義する必要がなく、顧客の現状を当てはめることで、改善ポイントの議論に素早く入ることができるからです。

マッキンゼーの思考フレームについて、有名な概念をここで挙げておきます。

空→雨→傘

①「空」＝（事実認識）空を見たら、雲が多く暗かった
②「雨」＝（事実解釈）あと少しで雨が降りそうである
③「傘」＝（行動・提案）傘を持って出かけるべきである

これは事実と提案の中間にある〝事実解釈〟の能力を鍛えて、思考の枠組みを生み出すトレーニングとして知られています。効果的な思考の枠組みをつくる能力の育成が、同社の提案力を支えているのです。

もう一つ、重要な点が「思考の枠組みの死角」を埋めるフラットで平等な組織です。戦略プロジェクトを主導したフレッド・グラックは、上司であるコンサルタントの仕事が、クライアントの役に立っていないと指摘したことで、抜擢されて戦略プロジェクトを展開することになりました。同社には柔軟性を維持する組織文化があるのです。

若き日の大前研一氏が、世界中のパートナーとの議論で高い評価を得たのも、年齢や肩書ではなく「発言の内容で」人を評価する同社の組織文化が大きいと推測できます。

これは中興の祖、バウワーの組織思想が、いまも同社に生きているからなのでしょう。

思考の枠組みは、フレーム内の要素を明確にする代わりに、フレームから外れた要素の無視につながります。この欠点を補うため、肩書に関係なく、疑問点をストレートかつ平等に議論する社内文化こそが、マッキンゼーの強さを際立たせていると考えられるのです。

課題の発見と効果的な議論に、最速でたどり着くフラットな組織

「7S」や「PMS」など、マッキンゼーが世界に提示した概念は、競争優位がどんな要素から生み出されるかを私たちに教えてくれます。

また、効果的なフレームワークは個々の企業が改善すべき点を、素早く浮き彫りにして、コンサルタントによる品質のブレを解消する効果を発揮します。発言の内容のみで評価をする柔軟な組織文化は、社員全員から率直でストレートな議論や指摘を引き出し、マッキンゼーが内部から自己変革を続ける原動力となっているのです。

このような視点で眺めると、マッキンゼーの戦略は、決してコンサルティング会社のみが使うものではありません。あらゆる企業組織が、自社の課題点を議論して、改善へ行動を起こすときに取り入れるなら、大変効果的な戦略だと言えるのです。

大前研一

一九四三年生まれ。マサチューセッツ工科大学大学院で博士号取得。七二年にマッキンゼーに入社。日本支社長、アジア太平洋地区会長を歴任。現在はビジネス・ブレークスルー大学学長。

20

成長概念化戦略

成功企業の秘密を抽出して概念化する

ボストン・コンサルティング・グループ「経験曲線」「PPM」

成長企業の分析から導き出された、競争に打ち勝つ秘密とは？

なぜ、巨大企業よりニッチメーカーが低コストを実現できるのか？

ボストン・コンサルティング・グループ（ＢＣＧ）の創始者、ブルース・ヘンダーソンは一九一五年、アメリカ・テネシー州・ナッシュビルで生まれました。

バージニア大学、バンダービルト大学で学び、機械工学の学士号を取得。のちにリーランド・エレクトリックという小さな電機会社と、ウェスティングハウスという全米屈指の大型電機メーカーの両方に勤めたことで、ある驚くべきことに気づきます。

リーランドは小さな会社ながら、ガソリン・ポンプ用のモーターで全米最大手の企業で、ニッチ市場を支配。ウェスティングハウスなどの大手企業を上回る成功を収めていまし

フレームワーク戦略

た。のちにウェスティングハウス社に転職したヘンダーソンは、ウェスティングハウス側は、実は売れば売るだけ赤字だということに驚いたのです。

そのころ、企業は同一の製品であればコストは他社も似たり寄ったりだと信じていました。ところが実情はまったく違うことに彼は気づいたのです。

ほぼ同一の製品をつくるのに、これほどコストが違うのはなぜなのか？

しかも、全米屈指の巨大企業より、ニッチメーカーのほうが低コストなのです。

別の視点から考えると、あらゆる企業には利益率の高い製品ラインと低い製品ラインがあり、不振事業をお互い相手に売却すれば、どちらの会社も売上利益率が上昇することになります。当時、ほぼすべての企業は抱えておくべきではない事業をいくつか抱えており、この発見は、のちにＢＣＧが生み出す重要コンセプトに結びつきます。

一九六〇年代に気づいた、新しい競争への二つの疑問

一九六〇年代はじめまで、第二次世界大戦後の好景気を享受していたアメリカ企業は、六〇年代が進んでいくうちに、いままでと違う競争状態に気づきます。

一つは、外国メーカーの進出や、アメリカ国内の小規模な新興企業との競争です。

当時は、日本のメーカーが大挙して進出を始めたころであり、利益率よりもむしろ業界内でのシェア（販売数量）を重視するように見えた日本企業の戦略は、利益率を重視するアメリカ企業からは奇異に見えました。また、小規模な新興企業は業種や製品ラインを絞って攻勢をかけるため、多角化した大企業よりも低価格であることが多かったのです。

もう一つの悩みは多角化の手法です。六〇年代までの好景気もあり、アメリカの大企業は事業を多角化し、複数の製品ラインを持っていました。

ところが、新たな競争環境の中で、必ずしも売れ筋でない製品、利益率の低い製品（赤字を含め）にどう対処すべきか明確な基準がなかったのです。さらに言えば、多角化を成功させ競争力を高めるため、どんな分野に、どう進出すべきかの基準もありませんでした。

ＢＣＧはこの二つの大きな疑問に、答えを与えるコンサルティング会社となります。

ＢＣＧの代名詞となる「経験曲線」と「ＰＰＭ」の発見

アメリカ大企業の苦悩に対して、一九七〇年代にＢＣＧは二つの概念を提示しました。

①経験曲線

経験回数が増えるほど、効率が改善されコストが削減できることから、経験数（製造数）とコストの関係をグラフ化したものが経験曲線です。業界内シェアが高いほど、製造数が多く、コスト優位性に優れることがわかります。

経験曲線は、価格設定とシェア拡大法の二つに重要な影響を与えました。

電動工具のブラック・アンド・デッカーは、価格を引き下げると、販売量が著しく増加することを知っていましたが、経験曲線を元に（予測されるコスト削減数値によって）新製品を最初から低価格で売り出せるようになりました。

競合他社はブラック・アンド・デッカーがつけたあまりの低価格に、参入することを避け、結果として同社は高いシェアを得て、コストも下げることができたのです（一九七〇～八〇年代の日本企業の得意なパターンでもあった）。

②PPM（プロダクト・ポートフォリオ・マネジメント）

製品を四つの区分で分ける、世界的に有名なマトリックスです。

「市場の成長率」と「市場シェア」を軸に取り、次の四つの区分けをします。

BCGの経験曲線

BCGが、顧客のゼネラル・インスツルメンツの依頼で、
競合他社のコスト構造を調査して導き出した、
製造数増加に比例してコストが下がる現象のグラフ。

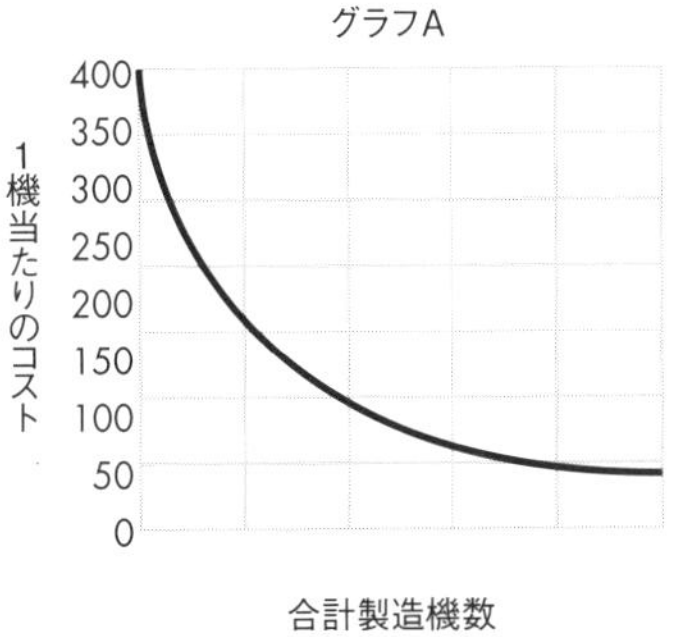
グラフA
1機当たりのコスト
400
350
300
250
200
150
100
50
0
合計製造機数

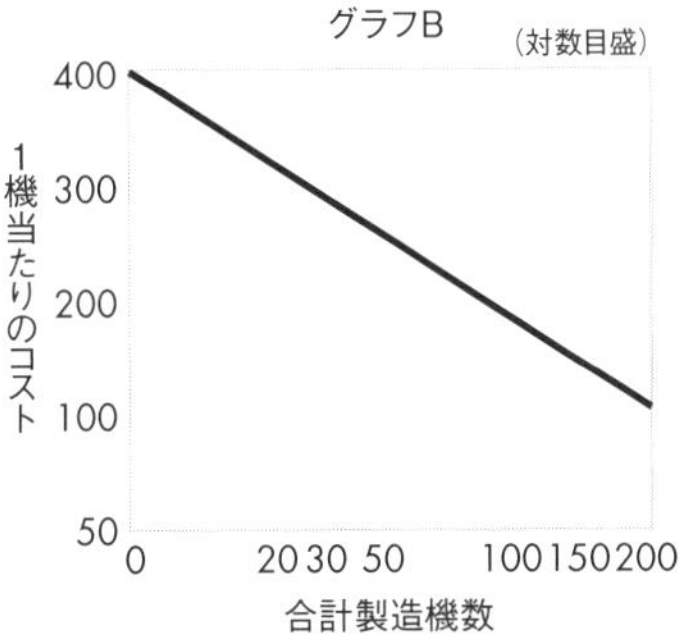
グラフB
(対数目盛)
1機当たりのコスト
400
300
200
100
50
0
20 30 50
100 150 200
合計製造機数

(例)2倍の生産量に達すると、コストは初期の80%になる。
さらに4倍に達すると2倍の時の80%のコストで製造できる。

- **1個目のコストを1000円とすると、**
- **2個目のコストは800円(－200円)**
- **4個目のコストは640円(－160円)**

シェアが高い大手ほど、コスト低減効果で競争力が加速。

最初から価格を下げて、他社を参入させにくくする。

製造数が増えない下位企業は、コスト以外の差別化が必要。

①「金のなる木」　シェアは高いが市場の成長率は低い分野
②「負け犬」　低成長市場でシェアが低い分野
③「クエスチョン」　高成長市場にいながら、シェアが低い分野
④「スター」　急成長市場で大きなシェアを獲得している分野

四つの区分がどんな経営判断を導いたかと言えば、シェアは高いが市場の成長率が低い分野では、現在の利益を稼ぎ出すと同時に、その利益を「スター」もしくは「クエスチョン」に投資すべきだということ、また「負け犬」は、追加投資がリターンを生まないため、一番に売却の対象にすべきことなどです。

ＰＰＭの手法は、多角化した事業を再構築する際に、当時の大企業ＣＥＯが頻繁に活用した概念です。「負け犬」の事業を売却し、成長分野に資本を投資することで競争力を取り戻せたからです。

ちなみに、このＰＰＭは恋愛関係に似ています。「市場の成長率＝異性の人気の高さ」、「市場シェア＝相手の心に占める存在感」と考えると、関係性がわかりやすくなるかもしれません。

BCGのPPM（プロダクト・ポートフォリオ・マネジメント）

※別名：成長マトリクス、シェア・マトリクス

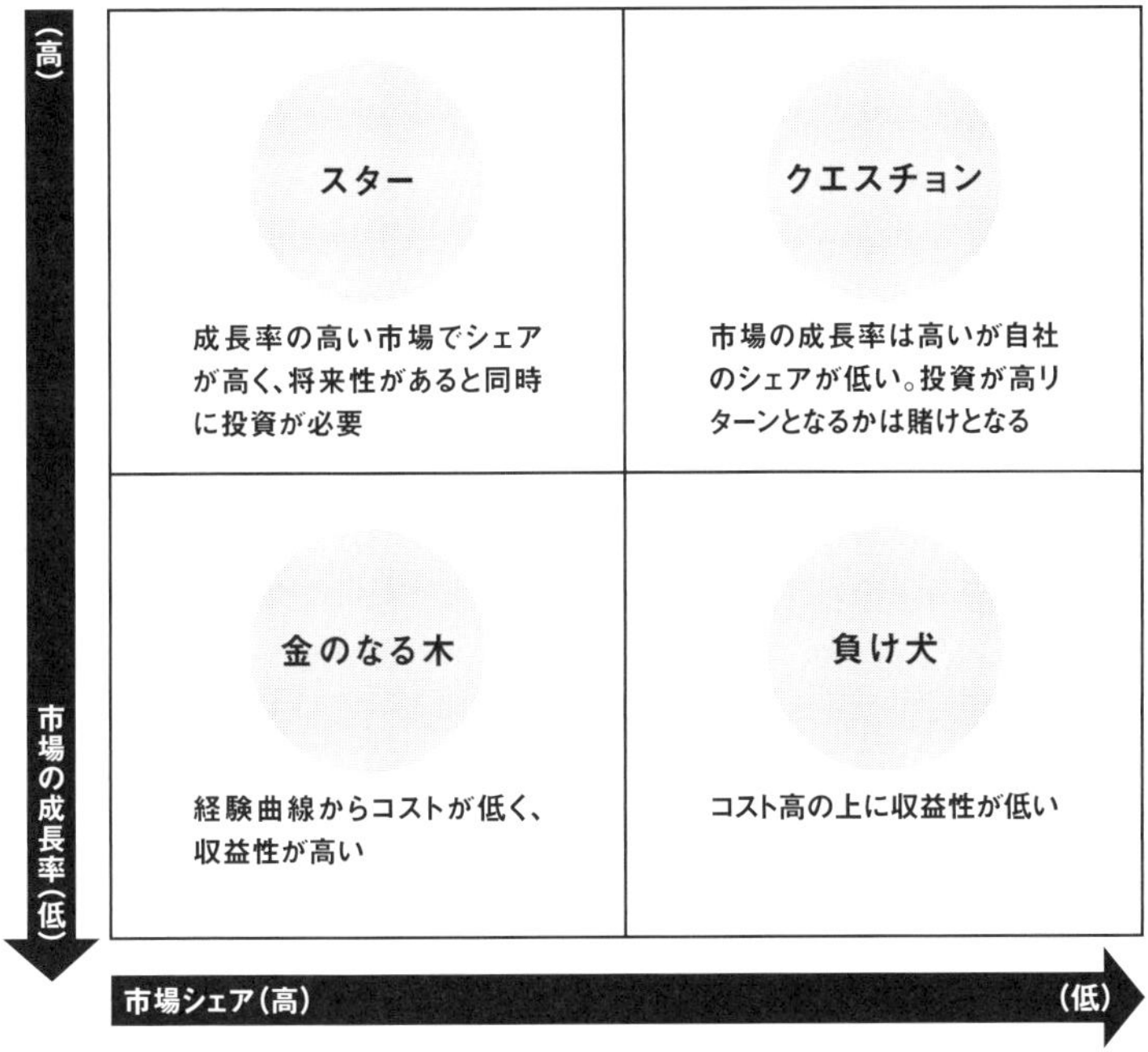
（高）
市場の成長率（低）
市場シェア（高）
（低）
スター
成長率の高い市場でシェアが高く、将来性があると同時に投資が必要
クエスチョン
市場の成長率は高いが自社のシェアが低い。投資が高リターンとなるかは賭けとなる
金のなる木
経験曲線からコストが低く、収益性が高い
負け犬
コスト高の上に収益性が低い

ポイント

1 「金のなる木」は、市場の競争が少ない中で収益性に優れた製品である。

2 「スター」か「クエスチョン」に、「金のなる木」が生む資金を再投資すべき。

3 「負け犬」はコストで他社に負け、低成長で、リターンの見込みが薄い。

①「金のなる木」　相手の心を独り占めして、恋のライバルはいない
②「負け犬」　相手の関心を惹けず、恋のライバルはいない
③「クエスチョン」　恋のライバルは多く、相手の関心を惹けていない
④「スター」　恋のライバルは多いが、相手の心を独り占めしている

恋のライバルが多いほど、通常はデート代などの投資が高くなります。競争相手の多い魅力的な人だからです。市場シェアは相手の心に占める存在感です。相手の心を独り占めできるほど、実りの多い素敵な恋愛関係となります。

人間であれば、どこかで落ち着くとハッピーエンドですが、企業は永続のために、新たな恋を成就させ続ける必要があります。人ならば不謹慎な話ですが、企業は市場という相手と新たな恋を成就させ続けることで、生存を確保しているからです。

一つの恋が成就するたび、新たな恋を探し、不毛な関係は清算する必要があるのです。

ＰＰＭは、一九七〇年代を通じてＢＣＧのドル箱商品力になり、一部のコンサルタントが「一〇〇万ドルのスライド」と呼んだと、前出の『経営戦略の巨人たち』では語られています。当時のアメリカン・スタンダード社は、不採算部門をすべて売却し、収益性の高

い事業だけ残して、倒産の瀬戸際から企業ランキングのトップ5にまで選ばれることになりました。

もちろん、二つの手法は共に完璧ではなく、失敗例もこれまで指摘されてきました。「経験曲線」では、最初からコスト削減を見越した低価格で発売すると、人気の高い商品となり、販売数を見込んで無謀な低価格競争をするライバルが多数出現する泥仕合になるケースなどです。

ＰＰＭでは、ポートフォリオ上の定義が「負け犬」や「クエスチョン」であっても、製品イノベーションなどで「金のなる木」や「スター」に変身することがあり、単純な分析で事業を切り捨てた企業は、そのような特殊な恩恵にあずかることができず、ＰＰＭを盲信しない企業の努力と革新に負けることがあったのです。

日本企業の強さの秘密から生まれたコンセプト

前出の『経営戦略の巨人たち』では、一九六六年に日本支社を開設してから、ＢＣＧは「クライアントに日本を知るための窓を提供する」ことになったと指摘しています。ほとんどのアメリカ企業が日本企業の脅威を、うっすらとしか気づいていない時代に、ＢＣＧ

は日本企業の強みと成長の原動力を分析し始めていたのです。

ＢＣＧは、経験曲線を元にした着実なコスト低下を武器と考えていたことで、当時の日本企業の特徴と同社の関心が一致しており、早くも一九六八年には、アメリカやヨーロッパのクライアントのために日本に関するコンファレンスを開催。「何が日本を成長させているか」についての洞察を欧米企業に披露していました。

第3章でも紹介した、ＢＣＧで最も著作の多いコンサルタントであるジョージ・ストークも日本と関連が深い人物です。農業・建設機械メーカーのジョン・ディーアからアジア市場で成功するための戦略構築を依頼されたとき、ストークは日本のヤンマー、日立を訪れて、アメリカのディーアよりヤンマーのほうが生産性が大幅に高く、製品の質が高く、在庫が少なく、生産時間がはるかに短いことに仰天します。

詳しくは第三章の「タイムベース競争戦略」の項でご説明していますが、製品の多様性と低コストを両立させる日本企業の秘密を見抜いたストークの理論は、一九八〇年代のＢＣＧにとって最も成功したコンセプトとなりました。

このようにＢＣＧは日本企業と日本に、比較的関連の深いファームと言えるでしょう。

競争優位の差を発見する三つの視点

最後に、ＢＣＧのファームとしての戦略のポイントを整理してみましょう。

①異なる企業を比較することで競争力を抽出する
②市場の成長性を自社に取り込む
③コスト削減力を成長へ結びつける

ヘンダーソンは二つの電機メーカーの内情を比較して、同一業界でもコスト差が実は大きいことを発見しました。複数の企業の比較から、すばやく違いを抽出したのです。ストークのように、ＢＣＧは優れた頭脳を現場に飛び込ませて創造を加速させています。

経験曲線やＰＰＭには、「今後、将来はどうなるか」という視点が盛り込まれており、市場の成長性をクライアントの成長エンジンに組み込む発想が存在しています。

最後の軸は「コスト削減力を成長に結びつける」ことです。タイムベース競争戦略を含めて、ＢＣＧのコンセプトには「低コストは強さである」という基本的な姿勢があります。

これは創設者のヘンダーソンが、購買部門で経験を積んだことと関係があるのでしょう。

ジョージ・ストークの発見は、商品点数を増加させて広く消費者を捉えながら、同時にコスト削減を実現した日本の自動車メーカーの秘密を解明したものですが、ＢＣＧというファームには、この謎を解く高い資質が存在していたと思われるのです。

ブルース・ヘンダーソン

ＢＣＧは、一九六三年にヘンダーソンがパートナーと共に設立。一九六六年には東京オフィスを開設。戦略を専門とするファームとして、世界四〇か国以上にオフィスを展開している。

21

マーケティング戦略

フィリップ・コトラー「マーケティング・マネジメント」

売上をあげるために、いま何をすべきか発見する

なぜ、イケアは世界最大の家具販売企業になれたのか？

スウェーデン家具、イケアのマーケティング

おしゃれな北欧デザインで低価格。世界最大の家具販売店となったイケアの特徴です。

スウェーデンの若者だったカンプラッドは、多くの若い家族がスウェーデン製の家具が高価すぎて買えないことに気づきます。スウェーデン家具の高品質と、業界に競争がないことが高価格を生み出していたのです。

そこでカンプラッドは「低価格で良質の」家具を提供する方法を考えつきます。

コスト削減のために彼は五つの方法を採用します。

イケア低価格・高品質の五つのポイント

①大量購入・注文による大幅なディスカウント達成
②家具を組み立て式にする。輸送費がはるかに安く済む
③顧客はショールームで家具を見て倉庫から運び、クルマで持ち帰る
④顧客は自分で家具を組み立てる
⑤低いマージンに抑え大量に販売する

イケアは、もともとカンプラットが始めた雑貨店が前身であり、家具を仕入れて安く売る販売が主でしたが、他社との競争に巻き込まれて仕入れができなくなり、最終的に自社デザインに切り替えた経緯を持っています。

市場の機会を見つけて、若い家族というターゲットを決定し、低価格で最新のデザインの家具を販売する。組み立て式、低価格、店舗販売などはマーケティング・ミックスそのものであり、イケア独自のポジショニングを具体化・強化するアイデアとなっているのです（イケアは二〇一一年現在、二兆円を超える年間売上高を誇る世界最大の家具販売企業となった）。

世界的な権威による「マーケティングの定義」とは？

『マーケティング・マネジメント』やＳＴＰ理論などで知られる、マーケティングの世界的権威といえばフィリップ・コトラー教授です。

米ノースウエスタン大学ケロッグ経営大学院で教鞭をとりながら、過去四〇年近く最先端のマーケティングを提唱してきました。世界的な知名度を持つ同氏は、マーケティングをどのように定義しているのでしょうか。

「マーケティングは、多くの評者によって『顧客を発見し、維持する技能である』と定義されてきた。しかしわれわれは、この定義を次のように拡張しなければならない。『マーケティングとは、利益に結びつく顧客を見出し、維持し、育てる科学であり、技能である』」

（木村達也訳『コトラーの戦略的マーケティング』より）

先のイケアは『コトラーの戦略的マーケティング』で解説されている事例ですが、優れたマーケティングには共通点があり、その共通点を概念化しつつ、技能として使えるように昇華させているのがコトラー教授であると言えるでしょう。

五つのステップでマーケティングをマネジメントする

マーケティングをマネジメントするためは、具体的に何をどう実行すればいいのでしょうか。コトラーは五つのステップを私たちに提示しています。

①調査（Research）

市場機会の調査。不満や問題を検出する、理想的な製品やサービスを想定するなど。

②STP

「STP」……セグメンテーション（Segmentation）、ターゲティング（Targeting）、ポジショニング（Positioning）。

同じニーズを持つ消費者の区分（セグメント）を明確にして、自社がうまく満足させられるセグメントをターゲット化（目標）する。その上で自社のオファーをより高く評価してもらえるようポジショニング（差別点を印象づける）していく。

③マーケティング・ミックス（四つのP）

「四つのP」……製品（Product）、価格（Price）、流通チャネル（Place）、プロモーション（Promotion）。

顧客が製品のポジショニングを理解できるように、四つの要素を設計する。意図した差別点の具体化のために製品・価格・流通・プロモーションをつくり上げる。

④実施（Implementation）

マーケティング・ミックスで設計された製品・価格・流通・プロモーションを実施する段階。設計意図が素晴らしくとも実現できなければ意味はなく、課題を乗り越えるには部門間の連携が強く求められる。

⑤管理（Control）

最終段階は管理（コントロール）である。実施された結果としての市場の反応に耳を傾け、評価をすることで成果を向上させる改善を行う。目的地と現在の位置を常に確認し、マーケティング計画を正しく機能させる。

このマネジメント・プロセスは、五つのステップの頭文字を取り「R→STP→MM→I→C」プロセスとも呼ばれますが、シンプルに理解するには、イケアのカンプラッドが実行した流れを参照するといいでしょう。

①彼は、若い家族がスウェーデン製の家具が高価すぎて買えない問題に気づく R
②高価な家具を買う余裕がない若い層に、低価格の北欧デザイン家具を提示 STP
③顧客層を明確にする低価格、自分で倉庫から運び出し組み立てる仕組みづくり MM
④試行錯誤による、さらなる独自性強化とターゲットの明確化 I→C

優れたマーケティングの多くは、自然な形でこのプロセスに従っています。コトラーが世界中の成功事例から、構造を抽出したのですから当然ですが、多くのマーケティングは「問題点」か「より理想的な製品」の二つを起点として、解決策に最大限の価値を感じてくれる層に、効果的な商品やサービスを提供することで成り立っているのです。

「R▶STP▶MM▶I▶C」プロセス

マーケティングを効果的に 管理・調整するための5つのサイクル

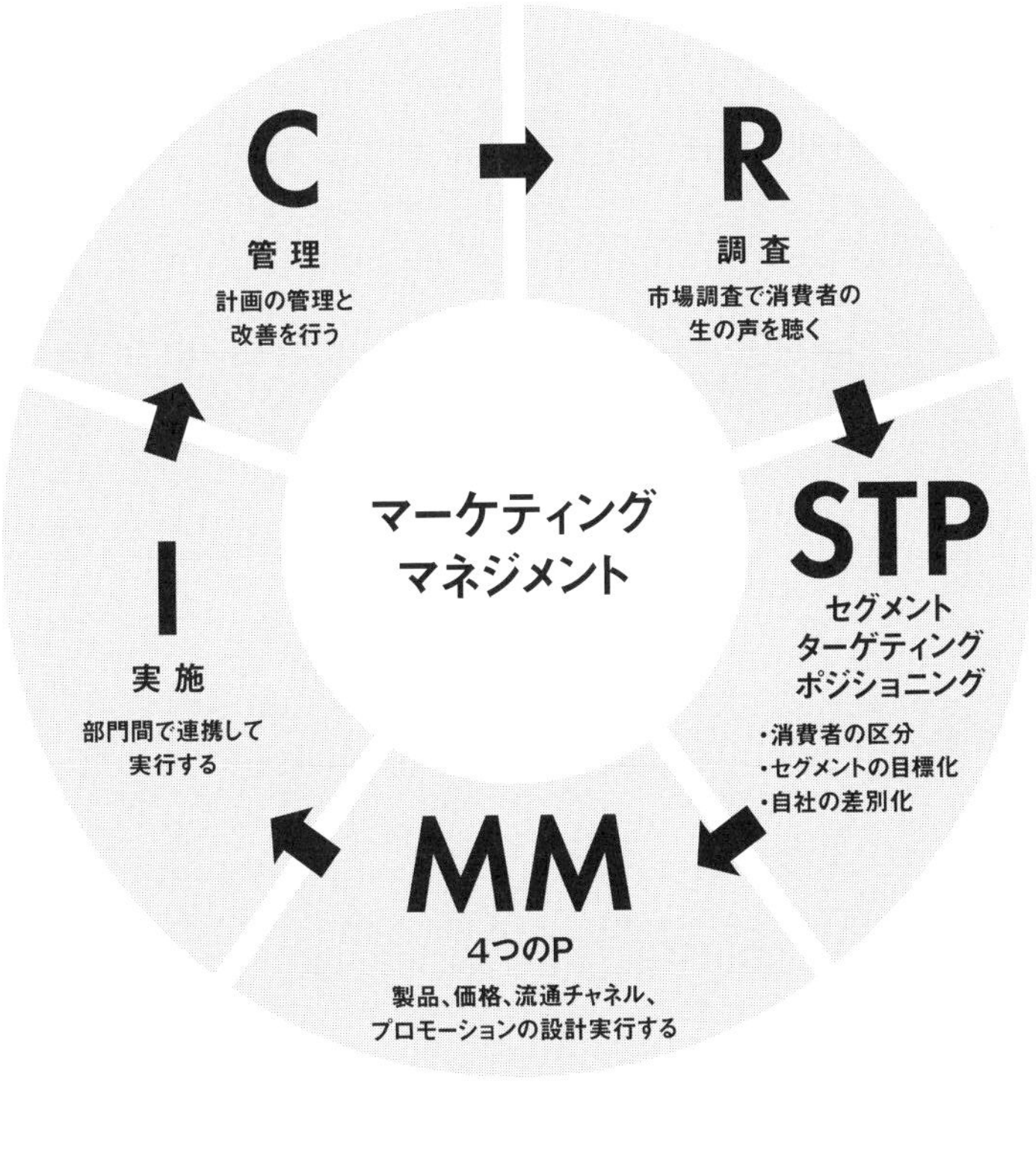
マーケティング マネジメント
R
調 査
市場調査で消費者の生の声を聴く
STP
セグメント ターゲティング ポジショニング
・消費者の区分
・セグメントの目標化
・自社の差別化
MM
4つのP
製品、価格、流通チャネル、プロモーションの設計実行する
I
実 施
部門間で連携して実行する
C
管 理
計画の管理と改善を行う

コトラーがGE幹部に投げかけた四つの課題

コトラーは、ジャック・ウェルチ時代にGEのメディカル・システムズから「業績を飛躍させるブレークスルー」アイデアを出す指導を依頼されます。病院向けの高額医療機器が購入抑制される風潮の中、二〇名の上級幹部を集めてセッションを一日がかりで実施。二〇名は四つのチームに分かれて、それぞれ違う課題を与えられます。

コトラーが各チームに与えた課題

「新しい顧客とセグメントを考えよ！」

「新しい営業戦略を考えよ！」

「新しい価格設定および機器のための融資解決策を考えよ！」

「新しい製品特性を考えよ！」


午前中は四チームが分かれて議論を行い、午後の早い時間に全員が集合して、全体へ個々のチームのアイデアをプレゼンテーションします。

一二のアイデアが発表され、さらなる議論で最終的に残った二つのアイデアが実行に移されました。結果としてGEメディカル・システムズは大成功を収めたのです。

なぜGEの上級幹部たちは、たった一日で素晴らしいアイデアを生み出せたのか。それは恐らくコトラーが設定した「問い」が、GEメディカル・システムズに何が足りないかを正確に浮かび上がらせたからではないでしょうか。

どう売るかではなく「何をなすべきか」を映し出す鏡

「多くの人々は、マーケティングとその下位機能である広告や販売業務とを混同している。しかし、真のマーケティングは、どう売るかの販売技術ではなく、何をなすべきかを問うものである」（同書より）

コトラーは、世界中の成功事例から共通項を浮かび上がらせて、マーケティングを構造として表現、ステップ化したことで「学習者による再現性」を高めることに成功しています。GEの幹部への四つの課題は、その一例といえるでしょう。

多数の成功事例から抽出された構造と体系は、現状と照らし合わせることで「何が欠けているか」を私たちに教えてくれます。裏を返せば、それは「何をなすべきか」を映し出す鏡のような機能を果たしているのです。

コトラー教授が現役のマーケターとしていまも活動し、最新の成功事例から構造を抽出し続けているのは「いま何をなすべきか」を教える鏡を磨き続けているのだと考えることもできるでしょう。

成功のために「何をなすべきか」のチェックリスト

マーケティングの始まりは「市場機会」の発見であり、次にはSTPや4P分析で、どれほど「適切な提案」をそこに投入できるかが目標になります。

コトラーの体系は、成功のため「何をなすべきか」を理解するチェックリストであり、姿鏡のような存在です。そのため、チェックリストを時代に合わせて更新し続けることが、持続的な成功を生み出すマーケティング・マネジメントとなるのです。

他方、コトラーがマーケティングを科学的な体系としたことで、「マーケティングの重要性を世界中の経営幹部に広めた」ことも事実です。優秀なマーケティング・マネージャーたちは、常に自らの立場を重要なものとして組織と関わることができ、結果として優れたマーケティングの成功事例を世界中で新たにつくり続ける一助となっているとも考えられます。

部門の重要性が広く認知されると、組織内で強い交渉力を得て、より主導的な立場でプロジェクトを進めることができます。マーケティングの重要性や役割が認知されたことも、マーケティング部門のさらなる飛躍へとつながったのです。

コトラー

一九三一年生まれ。ノースウエスタン大学ケロッグ経営大学院教授。IBM、GEや行政組織等、豊富なコンサルティング経験を持つ。著作は世界中のビジネススクールで教材として採用。

第8章

強い組織をつくる
マネジメント戦略

22

変化対応戦略

アルフレッド・D・チャンドラーJr.「組織は戦略に従う」

「組織変革」で景気の浮き沈みと市場の変化に対応する

環境の変化に合わせて柔軟に変われる組織とは？

好景気のあと、名門デュポン社が気づいた多角化の必要性

フランス革命を避けるため、一七九九年に一家でアメリカに移住したある人物が、化学知識を活用して黒色火薬工場を興します。合成繊維で有名なデュポン社の始まりです。設立は一八〇二年、二世紀以上の歴史を誇る同社は、優れた品質と安全対策で成長を続けました。

しかし、第一次世界大戦の特需で工場設備が急増し、四年間で従業員が五三〇〇名から八万五〇〇〇人に増えたとき、同社は「戦争が終結したとき」の問題に気づきます。特需が消えたあと、増えた工場と従業員のために仕事を維持する計画が必要だったので

す。当時の社長ピエール・デュポンは幹部への手紙にこう記しています。

「この一過性の事態に惑わされないように、注意しなくてはならない。元の状態に戻るためには、熟慮と如才なさが求められるだろう」（有賀裕子訳『組織は戦略に従う』より）

約一〇〇年前のデュポン社に限らず、特定製品の生産に特化した工場と従業員は、一時的な特需で規模が大きくなったあと、需要が減少すると、簡単に言えば「仕事がなくなってしまい」、最悪の場合は企業の倒産につながります。

同社は、「急拡大した経営資産を遊ばせないため」本格的な多角化に乗り出して、苦い経験を重ねます。彼らはどんな失敗に直面し、どのように危機を乗り越えたのでしょうか。

多角化の混乱と、デュポンが見つけた解決策

戦争による需要急増から多数の工場と従業員を抱えたあと、同社は設備転用のため染料、植物油、塗料とワニス、水溶性の化学物質などの生産を計画します。

ところが、管理組織の仕事が急増し、性質の異なる事業を前に、混乱が始まります。

多角化で混乱した例

- 火薬畑のマネージャーたちが塗料、ワニス、プラスチック事業を判断することになった
- 製品ラインが増え、市場需要に応じて生産・調達する調整が難しくなった
- デュポン社の統計部門は、火薬以外の市場予測を手掛けたことがなかった

一九一七年は塗料・ワニス事業が総売上高一二六万五三二八ドルに対して、一〇万八七二〇ドルの損失、一八年は総売上高二九五万ドル八九九九ドルに対して、損失三二万一四九二ドル。

一九年に至っては、競合他社が空前の好決算にも関わらず、損失はさらに拡大します。ついに業を煮やした経営陣は四部門から有能な人材を一名ずつ集めて委員会を設け、課題解決の方法を探させました。委員会のメンバーは自社と似た事業を運営する他社の経営者にインタビュー調査まで行い、苦境打破の糸口を見つけます。

彼らが発見したポイント

- 好調企業は「個々の製品に細心の注意を払い、様子を常に追い続けている」

・**職能別ではなく、製品を切り口に組織をつくるべきである**
・**職能の責任ではなく、製品部門の利益と業績に責任を持つ部門長をつくる**

簡単に言えば、多角化で事業が広がり、個別の製品と市場に目が届かなかったのです。その結果、資材調達の担当者がすべての製品ラインの資材を調達するのではなく、Aという製品向けに専任担当者を置くなど、「各製品と市場」を焦点とする組織にする、つまり、現在の「事業部制」に行き着いたのです。

多角化で広がった事業に対して、個別の商品の成績に責任を持つ担当者が必要で、かつ変化が速い消費者のニーズにぴったりとついていける組織が必要だったのです。

デュポン社が見つけた事業部制は、多角化の歪みを解消する組織構造として、アメリカの巨大企業に広く採用され、海外進出への足掛かりにもなっていきます。

経営資源と市場、二つの課題を解決する「事業部制」

経営史という研究分野を生み出した人物として知られ、著作「The Visible Hand」（日本語版の書名は『経営者の時代』）でピューリッツァー賞を受賞したアルフレッド・D・チャンドラーJr.は、企業史の研究から次の重要な示唆を述べています。

「アメリカのような市場経済では、経営資源を片時も遊ばせずに高い成果につなげたいとの要請こそが、成長の原動力として働いてきたのだとわかる」（同書より）

巨大企業は自社の経営資源を遊ばせないために、新たな分野に進出する必要があり、新規事業を効果的に攻略するために、事業部制が発見されたと彼は論じたのです。

チャンドラーはシアーズ・ローバックの組織変遷についても触れています。同社は十九世紀の終わりから二十世紀初頭、農家向けのカタログ販売で急拡大しました。しかし第一次世界大戦後の不況で、業績が低迷、コスト削減と同時に新規事業の必要性に迫られます。一九二五年に自動車の普及を見越して、郊外型の直営店を展開します。

一九二五年には八店舗を開店、二八年末には総数一九二店舗、二九年には三二四店舗まで急増します。直営店事業を進めた同社のロバート・ウッドは興味深い言葉を残しました。

「教科書に載っていそうな失敗はすべて経験した」

チャンドラーの事業部制メリット

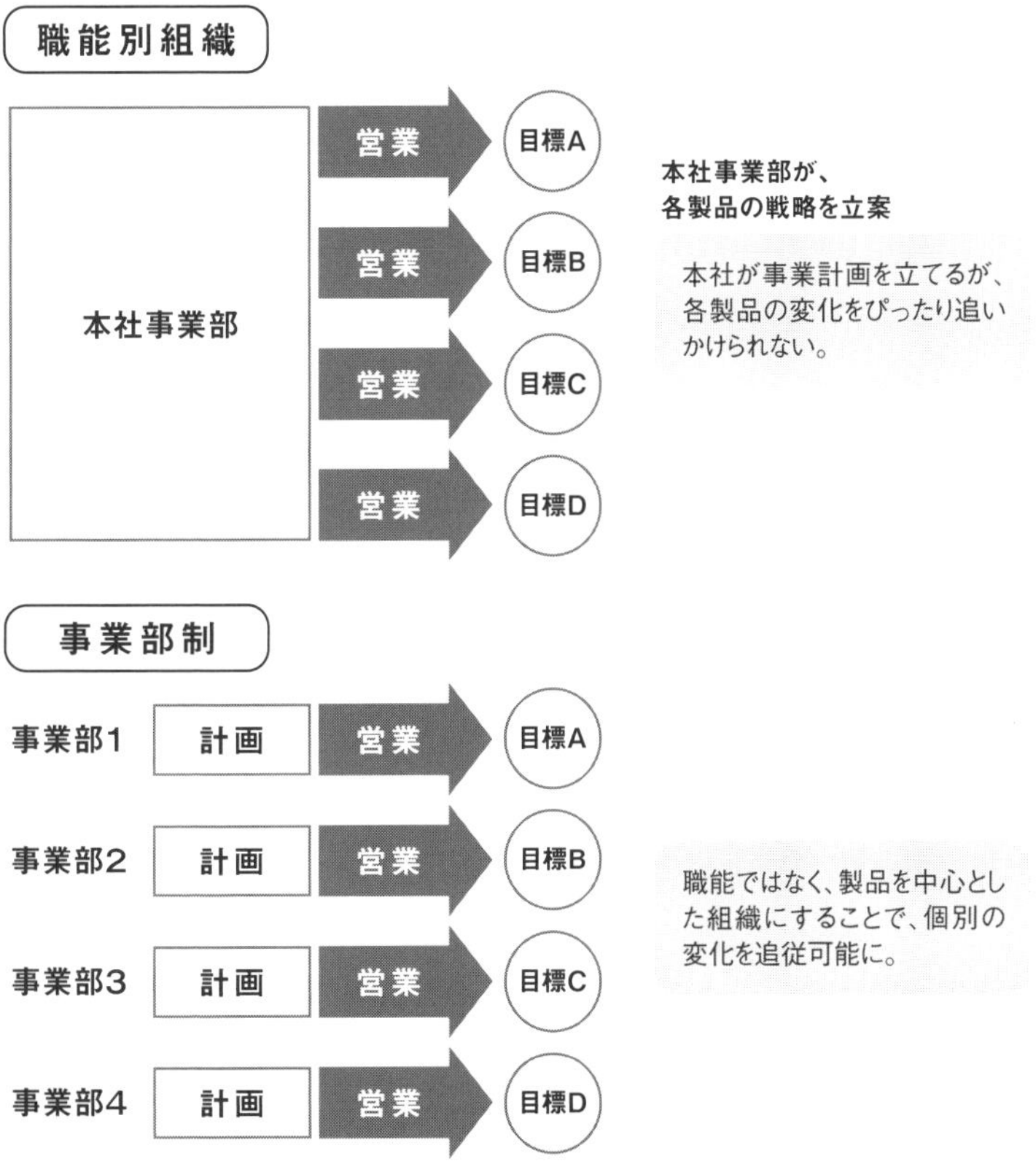
職能別組織
本社事業部
営業
目標A
目標B
目標C
目標D
本社事業部が、
各製品の戦略を立案
本社が事業計画を立てるが、各製品の変化をぴったり追いかけられない。
事業部制
事業部1
事業部2
事業部3
事業部4
計画
営業
目標A
目標B
目標C
目標D
職能ではなく、製品を中心とした組織にすることで、個別の変化を追従可能に。

事業部制は、製品多角化の必要性から生み出された組織構造

「ビジネスはある意味で戦争に似ている。おおもとの戦略さえ正しければ、その企業は戦術面でどれだけ失敗しようとも、繁栄を享受できるのだ」（共に同書より）

自動車の普及で小売り事業の環境が変わり、百貨店のような繁華街ではなく、郊外の安い土地で広大な駐車場を持つ店舗を展開。この転換で、社内組織は大混乱に陥りますが、社会変化に見事一致した事業だったため、混乱を修正しながら急拡大できたのです。

時代の変化と市場、二つに対処する「戦略と組織」の両輪

チャンドラーが提示した「組織変革」についてのポイントを整理してみましょう。

①一つの製品は必ず景気の上下動を受ける
②資源を遊ばせないため新規事業が必要
③広がった製品・各顧客から目を離さない組織をつくる

事業部制は二つの変化に対処するために生まれました。「時代の変化」と「市場の変化」

です。「各製品・各顧客から目を離さない組織」とは、製品ラインが広がっても、個々の製品と顧客への注意や努力が散漫にならない組織構造を指しています。

これらは企業が特定の製品の栄枯盛衰を乗り越えて、ある製品が絶頂期から売れなくなる転落期を迎えても、企業の成長を維持するための戦略と言えるかもしれません。

なお、チャンドラーの組織変革の構造は、巨大企業の変遷だけではなく、私たち個人の働き方にも当てはめることができます。

一つの仕事、一つの強みでは必ず景気の変動を受けます。そのため、自らの能力を遊ばせないための、新規事業や多角化が必要になるのです。さらに、多角化をすれば、その分野で成果を最大化するため、働き方を改善していく必要が生まれます。

もう一つ、チャンドラーの著作『組織は戦略に従う』から学ぶべきは、需要がある事業への進出がどれほど大切かという点でしょう。デュポンは時代の変遷と共に、社会的なニーズがある製品への進出を果たしてきました。

GMはニーズの多様化に合わせて、車種を大幅に広げて展開しました。シアーズはモータリゼーションの進展に応じて、郊外型ディスカウント店で大成功しました。

チャンドラーは、著作を経営史の学術書のようなイメージで当初書き上げました。ところが学術書の常識を越えて広く売れて驚きます。理由は、企業経営者が頭を悩ませる「時代と市場の変化」にいかに対処すべきか、大企業を例に詳細に分析されていたからです。

そのため変化に直面して悩む、経営者やマネージャーに格好の教科書となったのです。

チャンドラー

一九一八年生まれ。母方はデュポン家の血筋。一九七〇年に母校のハーバード大学の教授となる。『組織は戦略に従う』ほか、経営史という研究分野を生み出した人物として世界的に知られる。

23

創発戦略

ヘンリー・ミンツバーグ他「戦略サファリ」

戦略を計画ではなく実践から生み出す

なぜ、ホンダのヒットは予想外のところから生まれたのか？

計画的な戦略か、実践から学ぶ戦略か？

戦略における理論派の雄がマイケル・ポーターならば、対極に位置する人物がヘンリー・ミンツバーグです。カナダ・モントリオールのマギル大学教授である彼は、戦略を予めすべて計画できることはないと主張しています。

例えば、意図されたプランとしての戦略と、実際に企業が過去五年間で取った戦略は、完全に一致するものでしょうか。

「何をしようとしたか、ではなく実際に何を行ったか」を確認してみるのです。

両者が一〇〇％完全に一致することはないとミンツバーグは指摘します。

戦略の二つの種類

・戦略はプラン（意図された戦略）＝先の見通し
・戦略はパターン（実現された戦略）＝振り返るとわかる足跡

プランとしての戦略は、先が見通せるという前提でつくられ、実現された戦略は、行ったことを振り返ったときに出現する、一定のパターンを意味しています。

プランがなければ行動ができず、行動後は現実に合わせて調整が必要になるからです。

「現実的には、ある程度先を考えておきながら適宜対応していくということになるだろう」（齋藤嘉則訳『戦略サファリ』より）

登山計画のように、スケジュールを予め設定しながら、山の天候や参加者の体調を加味して、途中で計画を柔軟に変えることに似ています。計画がなければ登り始めることができず、何度か実行することで、この天候のときはここで休むなど、新しい対策が見えてくるのです。これがプランとしての戦略と、実践後のパターンとしての戦略というわけです。

ミンツバーグの創発的戦略（emergent strategy）

「実現された戦略は最初から明確に意図したものではなく、行動の一つひとつが集積され、そのつど学習する過程で戦略の一貫性やパターンが形成される」（同書より）

emergentは「出現する」という意味なので、行動を通じて出現する戦略だといえます。すべてを先に計画できず、実践から出現する戦略もあるというのが彼の主張なのです。

行動するために思考し、思考するために行動する

ミンツバーグが紹介している事例に、カナダ国営映画協会（ＮＦＢ）があります。カナダ連邦政府の一機関として、元々短編のドキュメンタリー制作で高く評価されていました。ところが、あるプロジェクトへの出資で、予想外の長編映画ができあがってしまい、ＮＦＢは長編映画を国内の映画館に配給依頼をする、過去経験のない仕事に追われます。しかしこの偶然のおかげで、長編映画を配給する貴重な経験をして、のちにＮＦＢは長編映画を主流に置くようになります。計画というより体験から成功を生み出し、その成功が新しい戦略としてＮＦＢに定着したのです。

「戦略を策定する行為は二本足で進んでいく、すなわちプランニングの足と創発の足である。ただし、プランニングは学習を排除するが、創発は統制を排除する。もし、一方に偏りすぎると、どちらもその意味を失う。学習と統制は結びついていなければならない」（ヘンリー・ミンツバーグ著／DIAMOND ハーバード・ビジネスレビュー編集部編訳『H・ミンツバーグ経営論』より）

戦略プランニングでは「行動するためにまず思考する」のですが、現実世界では逆に「思考するためにあえて行動する」ことが必要なときもあるのです。

NFBはこれまで経験がなかった、長編映画の配給という作業を通して新しい成功を手に入れており、この偶然強いられた体験が、組織に新たな戦略を発見させたのです。

大著『戦略サファリ』で一〇の戦略学派を分類する

ミンツバーグには四〇〇ページを超える大著『戦略サファリ』という代表作があります。同書で、ミンツバーグは左の図のように、数多の戦略論をその学派で分類しています。

1「デザイン」、2「プランニング」、3「ポジショニング」の三学派は、戦略はプラン

ミンツバーグの戦略10学派（スクール）

1 デザイン・スクール	戦略形成を意図された計画的なものと見なす
2 プランニング・スクール	戦略形成を計画としてコントロールする
3 ポジショニング・スクール	戦略形成とは業界内における位置を決めること
4 アントレプレナー・スクール	戦略形成とは起業家の新たな機会の追求である
5 コグニティブ・スクール	戦略形成とは戦略家が世界をどう認知するかである
6 ラーニング・スクール	戦略形成とは個人および組織の学習プロセスである
7 パワー・スクール	戦略形成とは企業内・企業外への影響力と交渉力である
8 カルチャー・スクール	戦略形成とは企業文化による世界の解釈である
9 エンバイロメント・スクール	戦略形成とは環境変化に企業が適応することである
10 コンフィギュレーション・スクール	戦略形成とは一貫性と変化の最適化である

「盲目の男たちが象に触れるように、部分を理解しながら戦略の全体像には迫れていない」
——『戦略サファリ』より

（意図された戦略）と考える側であり、4「アントレプレナー」や5「コグニティブ」は、個人が戦略形成の中心的な要素だと考える学派です。

ミンツバーグは一般に6「ラーニング」と10「コンフィギュレーション」の両方に属すると考えられており、個人や組織が体験による学習から戦略を生み出すこと、また安定期には企業の一貫性が利益になり、変化期には、戦略を革新することが利益につながるという考え方を採用しています。

またラーニング・スクールのページでは、ホンダのバイクがアメリカ市場を席巻したのち、イギリス政府がボストン・コンサルティング・グループを起用し、日本企業がアメリカ市場でイギリスを劇的に凌駕した理由の分析を依頼したことを紹介しています。

「国内生産量の規模の経済を活用して低コストに努め、さらに中産階級の消費者に小型のオートバイを販売する、という新しいセグメントから参入してアメリカ市場を攻撃した」

（『戦略サファリ』のBCGの報告内容より）

リチャード・パスカルという経営戦略研究家は、この説に疑問を抱き、日本で実際にホンダの担当者にインタビューを行いました。実はホンダ側は当初、アメリカには大型バイク市場があると信じており、大型バイクばかりを販売していましたが、ハイウェイを疾走するには性能が不足しており、故障が続出して頭を抱えます。

駐在先のアメリカで、社員が足代わりにしていた五〇ccの小型バイクが注目を浴び、大型バイクが故障続きで、仕方なく売り始めたところ驚異的なヒットを記録したのです。

ＢＣＧの報告書がイギリス政府に提出された一九七五年以降、イギリス産バイクの輸出量は激減し、一方の日本からのアメリカへの輸出は、その後の五年間で倍増しました。

ホンダ社員の言葉「物事は思ってもみない方向に進んだのです」

ＢＣＧによる戦略プランニングを信じたイギリス企業は、オフィスに閉じこもって巧妙な競合分析を行い、一方の日本企業はホンダが成功したなら私たちもまずはアメリカに行って、売ってみようと考えたのではないでしょうか。

「ホンダの人々は合理的になり過ぎないように注意していた。東京ですべてを解決できるとは考えず、学ぶ覚悟でアメリカにやってきたのだ」（『戦略サファリ』より）

合理的に説明できる戦略をオフィスで考えるより、見知らぬアメリカの大地で実際に販売を始めてから学ぶ、という姿勢が日本企業に勝利をもたらしたのです。

戦略を見失ったら、行動の幅を大きく広げよう！

ミンツバーグの創発的戦略は、プランニングを前提とした戦略論を学んできた場合に、非常に新規性の高い発想に感じられます。しかし実際には、ビジョナリー・カンパニーの「社運を賭けた大胆な目標」や知識創造企業の「飛躍を生み出すコンセプト創造」などのように、企業運営においては、理論化されないながら活用されてきた発想とも言えます。

このような理論化されない隠れた現象も、ミンツバーグのような洞察力の持ち主によって、姿が見える概念にされると、今度は欧米企業が見事に使いこなすようになるのです。

戦後の日本企業は、敗戦の経験からこれまでの先入観をゼロにして世界を見つめることになり、とにかく日本から飛び出して世界中に触れることから学習を繰り返しました。体験の幅を世界中に広げたことが新たな産業復興の基盤となり、ミンツバーグが指摘する「創発的戦略」がいくつも生まれたと考えられます。

一方、バブル崩壊以前から日本でも理論による経営や思想が過度に重視されて、理詰めで物事を運ぶ傾向ばかりが強化され（プランニングの盲信）、柔軟な学習が日本企業から排除された結果、失われた二〇年が生み出された可能性があるのです。

日本という国、日本企業、日本人が現在閉塞感を強く感じているのなら、過度の理論偏重ではなく、行動の幅を大きく広げる「創発の時代」に再び突入しているのではないでしょうか。日本人はいま、広く世界に触れる体験を大きく増やすべき時なのです。

最後に、ミンツバーグが「プランニングと創発は共に必要である」と述べていることは注意すべきです。ある種の見通しとしての計画がなければ、山登りのような簡単な行動でも始めることが困難だからです。ゆえに戦略プランニングは、行動を効果的に誘発できるものである必要があります。いずれ体験により修正される戦略計画であっても、それがあることで、行動の幅と量を拡大するものならば、やはり計画は必要不可欠なのです。

ミンツバーグ

一九三九年生まれ。マサチューセッツ工科大学でMBA、博士号を取得後、マギル大学で教鞭をとる。試行錯誤と体験から戦略を見つける「創発戦略」の概念を提唱した人物として知られる。

24

経営管理戦略

ゲイリー・ハメル「経営の未来」「コア・コンピタンス経営」

戦略をスピーディに変え魅力的な環境をつくる

グーグルにはなぜ、飛び切り優秀な人材が集まるのか？

成熟期に達した古い経営管理のあと、何が新たに必要か

現代の企業経営者は、どのような変化に悩まされているか？

ロンドン・ビジネススクールの客員教授で、国際コンサルティング会社の代表でもあるゲイリー・ハメルは、著作『経営の未来』の中で現代企業が直面する問題を次のように指摘します。

現代企業を悩ます問題

・変化のペースの速さ

・つかの間で消える優位性
・既存の技術を駆逐する画期的技術
・従来の秩序を破壊する競争相手
・細分化された市場

多くの企業がこれらの問題に悩む理由は、経営者やリーダーが、古い経営管理を盲信し、その欠点を無条件で受け入れているからだとハメルは分析します。

賞味期限切れの経営管理に代わり、何が新たに必要だとハメルは見抜いたのでしょうか。

古い経営管理の弱点や欠点に、多くのCEOは気づいていない

近代経営学は過去一〇〇年で、集団の効率的な管理を行い、一人や少数では絶対にできないことを達成する一方で、企業と人から多くの可能性を奪っていたのです。

著作『経営の未来』で、ハメルは近代経営管理の成功の代償を指摘しています。

近代経営管理の成功と奪ったもの

- 人間を標準やルールに従わせるが、莫大な想像力と自主性を無駄にする
- 業務に規律をもたらすが、組織の適応力を低下させる
- 世界中の消費者の購買力を増大させるが、人々を巨大組織に隷属させる
- 企業の効率を劇的に高めてきたが、企業の倫理性を高めてはいない

これら「奪われたもの」は、近代経営管理のトレードオフ、つまり一方を追求するならもう一つは諦めるしかない、と受け入れられています。しかし、ハメルはこの一見避けられないように見えるトレードオフの超越こそ、新たに目指すべきだと見抜いたのです。

新たな能力を手に入れる、経営管理イノベーションの三つの挑戦

近代経営管理がこのトレードオフから抜け出せていないなら、二十一世紀の企業はどんな経営管理イノベーションを目指すべきか。ハメルは三つの目標と事例を示しています。

二十一世紀の企業が挑戦すべき三つの目標

①規模の大小を問わず、戦略変更のペースを劇的に加速させること
②イノベーションをすべての社員の日常的な業務にすること
③社員を奮起させて、最高の力を発揮させる魅力的な労働環境を築くこと

ホールフーズ・マーケット

テキサス州オースティンが本拠のグルメ・スーパーマーケット。身体によく、おいしくて環境にいい食品の提供を理念としています。同社の基本単位は店舗ではなくチームであり（一店舗に通常八チーム）、新人社員は暫定的にチームに配属され、四週間の試用期間後にチームメイトの投票で三分の二以上の賛成がないとそのチームで働けない仕組みを持っています。チームは地元の顧客を考えて、どんな商品でも自由に仕入れる権限を持ちます。

チーム単位で時間当たり利益が測定され、一定の基準を超えたチームは次の給料日にボーナスが支給。他のすべての店舗のチームの業績データを見ることが可能なことで、各チームが競争心を持ち、怠け者を採用しないモチベーションになっています。

ユニークな経営管理イノベーションで、同社は過去対立していた要素の両立に成功。一九九二年の株式公開から一五年で、株価は三〇〇〇％近く上昇、一店舗の売上成長率は業界平均のほぼ三倍となっています。

W・L・ゴア&アソシエイツ

防水透湿素材のゴアテックスで世界的に有名な企業。肩書のある者はほとんどおらず、上司のいる者はひとりもいません。中心単位は小規模な自己管理チームであり「利益をあげることと楽しむこと」を目標にしています。プロジェクト会議を開催して、社内から参加者を募集できますが、参加するかは相手の自主性に任されており、命令はできない極めてフラットな仕組みになっています。

社員が好きなプロジェクトに取り組める「遊びの時間」が週に半日あり、人工心臓の開発チームの一人は、遊びの時間で医療用ワイヤーをコーティングしたギターの弦を開発。現在ではギター弦でアメリカの一番手ブランドになっています。

アイデアに人材を自由に集結させるため、工場を含む施設をできるだけ集めて運営しており、つながりの希薄化を防ぐため施設の単位で二〇〇名を超えないようにしています。

グーグル

服従ではなく意欲を引き出す環境で、社員の創造性を最大限発揮させています。

「企業にとって最も重要なのは一時点での競争優位ではなく、時と共に進化していく優位だ」という理解で、イノベーションを最大限誘発する経営管理を推進。検索エンジンで世界中の六〇％以上のシェアを誇る著名企業です。

自己管理型のチームを中心に「七〇－二〇－一〇」と呼ばれる公式を採用。

グーグルの七〇－二〇－一〇の公式

①七〇％をコアビジネスの強化にあてる
②二〇％はコアビジネスを大きく拡大するサービス開発にあてる
①一〇％は市町村の公共Ｗｉ・Ｆｉの拡大など周辺アイデアにあてる

二〇％はコアビジネス以外の分野に時間を使えるため、才能溢れる優秀な社員が、個人的な関心をグーグル社員として追求でき、会社を辞めずに知的挑戦ができます。

創業者のセルゲイ・ブリンとラリー・ペイジは、グーグルを「世界を変えるチャンスがある職場」と定義して、飛び切り優秀な人材を引き寄せており、監督者を置くことで官僚主義になり「私はできる」を「君にはできない」に変える失敗を避けているのです。

最近の新製品のほぼ半数は「二〇％の時間」が生んでおり、イノベーションを猛スピードでつくり続けるグーグルの躍進を支えています。短期で消滅するネット新興企業がある一方で、同社は強固な優位性を保持し続けています。

三社の共通点は、旧来の経営管理が「奪ってきたもの」に光を当て、他社が無視していた人の能力を最大限に引き出して、異なる競争優位の両立で他社を圧倒していることです。自由と責任、自主性と意欲、管理と創造力の両立こそが優位性の源泉だったのです。

二十一世紀の勝ち組企業は、なぜ優位性を継続できるのか

「手を貸せと言ったら、どうしていつも頭もついてくるんだ」と二十世紀の自動車王、ヘンリー・フォードは言いましたが、古い経営管理を端的に表現している言葉でしょう。

このような古い企業は、スピードの速い現代で優位性を完全に失い、先の三社のように、人の能力を一〇〇％引き出す経営革新を目指す新興企業に勝利を奪われているのです。

ハメルは『未来の経営』の中で、経営管理イノベーションへの原則を説明しています。

①スピードある戦略変更を可能にする

・組織階層の上が現場に精通し、危機的な変化に素早く気づく
・イノベーションは数が勝負なので、多様な戦略案をつくり続ける
・現在のビジネスばかりでなく、将来のチャンスに投資する

②イノベーションを社員が生み出せる環境を整える

・ごく普通の社員にも創造力があるとCEOが信じている
・現状の戦略に対する過度の思い入れを捨てる
・現状の課題以外にも社員の業務時間を振り向ける

③社員を奮起させる労働環境をつくる

・自由によって、自主性を喚起する
・コミュニティのように努力を結集する
・魅力的な目的で社員の熱狂を生み出す

重要な点として、経営管理イノベーションは、戦略や製品・サービスにイノベーションを生み出す基盤になることです。新たな時代に優位性を持ち続ける企業は、戦略にイノ

イノベーションの階層

経営管理イノベーション

戦略イノベーション

製品/サービス・イノベーション

業務イノベーション

どのイノベーションもそれぞれ独自の形で
成功に貢献するが（中略）、
上に行くほど価値創造と競争上の防御力が高くなる。
（『経営の未来』より）

賞味期限切れの“古い経営管理”のトレードオフ

人を標準やルールに従わせる	業務の規律	世界中の購買力を増大させる	企業効率の改善
↓奪う	↓奪う	↓奪う	↓奪う
膨大な創造力と自主性	組織の適応力	人を巨大組織に隷属させる	企業倫理を高めない

ベーションをもたらす上位基盤の革新を目指し、優位性を強固に継続していたのです。

コア・コンピタンスから、経営管理イノベーションへ

ゲイリー・ハメルは一九九四年の「Competing for the Future」で経営戦略の世界的な大家となりました（日本語版の書名は『コア・コンピタンス経営』）。

コア・コンピタンスとはその企業の中核となる競争力のことを指します。この理論が生まれた背景は、企業が業績改善のために社外ばかりを見ると、常に後追いの悪循環にはまることです。成功した他社の事例は、その企業が変革を始めた何年もあとに周知され、著名コンサルティング会社の発表する新理論さえも、数年以上前から行われた業界変化に、ようやく追いつく時期にしか発表されないのです（つまり遅すぎる）。

そのため、自社の中核となる競争力（コア・コンピタンス）を見極め、その強みを将来の可能性ある市場に振り向けることで、自ら未来の繁栄を生み出すことを提言していました。

『コア・コンピタンス経営』の原書から一三年が経過した二〇〇七年、書籍「The Future of Management」（日本語版の書名は『経営の未来』）は出版されており、その期間のハメ

ルの研究と実践が追加された提言となっています。

ハメルは『経営の未来』の中で、一貫して殻を破る必要性を説いています。その殻とは、古い経営管理（マネジメント）が支配する企業のＤＮＡそのものです。

既存のコア・コンピタンスのみではなく、未来への優位性を生み出すコア・コンピタンスを生み出し続ける。新たな経営管理イノベーションこそ、二十一世紀の経営の武器なのです。

古い経営管理モデルが実現したことを受け入れるあまり、その限界を当然と思い込むことが、働く人たちの創造力や熱意を奪っている。それを取り戻すには、マネジメントのイノベーションこそ最大の鍵となる、と世界的な戦略の大家は指摘をしたのです。

ゲイリー・ハメル

一九五四年生まれ。一九九〇年にC・K・プラハード教授との共著『コア・コンピタンス経営』が世界的なベストセラーとなる。ロンドンビジネススクールの客員教授であり、経営者でもある。

第 9 章

ルールを変える イノベーション戦略

25

新結合戦略

ヨーゼフ・シュンペーター「経済発展の理論」

「新結合」によって優位性を保ち続ける

なぜ、「うまい棒」が企業の成長に欠かせないのか？

「不況はなぜ起こるのか？」天才経済学者の疑問

大恐慌といえば、一九二九年の世界大恐慌を連想する方もいると思いますが、人類の歴史初の国際恐慌は、一八七三年に欧州とアメリカで起こりました。

一九二九年ほど劇的な崩壊ではなかったものの、当時のオーストリア・ハンガリー帝国やフランス、アメリカを中心に、各国は経済の深刻な不況を体験します。

この不況の前には普仏戦争が終わり、欧州では投資ブームが起き、同時に生産性革新が進展。粗鋼価格や綿花などが半値ほどに下落、多くの企業や農業従事者が大打撃を受け、アメリカでは一〇〇以上の州立銀行が破たんする惨事となります。

ヨーゼフ・シュンペーターは、国際恐慌が最初に始まった国、オーストリア・ハンガリー帝国で一八八三年に生まれます（一八七三年にウィーンで各国に先駆けて株価が暴落）。一九一二年にシュンペーターが著した書籍『経済発展の理論』に、不況がなぜ起こるのかという分析が何度も登場するのは、決して偶然ではないでしょう。

彼の祖国オーストリア・ハンガリー帝国は第一次世界大戦の混乱で、一九一八年に解体、その後チェコとなります。大恐慌が始まった一九二九年、彼は四六歳。

世界で最初にイノベーション理論を提唱して、経済学の歴史に足跡を残した天才経済学者は、一九世紀の大激動の時代に、どんな社会現象を目撃したのでしょうか。

新しい欲望は、生産者が消費者に教えることで生まれる

「経済における革新は、新しい欲望がまず消費者の間に自発的に現われ、その圧力によって生産機構の方向が変えられるというふうにおこなわれるのではなく（中略）、むしろ新しい欲望が生産の側から消費者に教え込まれ、したがってイニシアティヴは生産の側にあるというふうにおこなわれるのがつねである」（『経済発展の理論（上）』より）

新たな消費は生産側が「新しい欲望」を教えることで始まるため、生産側は新しい欲望を呼び起こす魅力ある製品を生み出す必要がある、とシュンペーターは指摘しています。

では、新たな魅力がある製品（生産物）はどうすれば生み出せるのか。

それは、物や力の結合の変更で創造できる、とシュンペーターは見抜いたのです。

新たな魅力を生み出すための「五つの新結合」こそ、彼のイノベーション理論の中核です。この新結合（イノベーション）を遂行して経営を行う人たちを、彼は「企業家」と呼んでいます（今日の「起業家」に相当します）。

イノベーションを生み出す「5つの新結合」とは？

シュンペーターが提唱した五つの新結合は、現在でもビジネスマンが新しいイノベーションの模索をするときに、発想のヒントとして十分に役立つものです。

※以下、『経済発展の理論』（岩波文庫）から抜粋、ただしカッコ内は著者の補足。

①新しい財貨*（製品のイノベーション）　＊財貨＝製品

消費者の間でまだ知られていない財貨、あるいは新しい品質の財貨の生産。

②新しい生産方式（生産方式のイノベーション）

当該産業部門において実際上、未知な生産方法の導入。これは科学的に新しい発見に基づく必要はなく、商品の商業的取扱いに関する新しい方法をも含んでいる。

③新しい販路の開拓（販路・流通のイノベーション）

当該国の当該産業部門が従来参加していなかった市場の開拓。ただし、この市場が既知のものであるかどうかは問わない。

④原料あるいは半製品の新しい供給源の獲得（原料・供給源のイノベーション）

この供給源が既存のものであるか、単に見過ごされていたのか、その獲得が不可能とみなされていたのかを問わず、初めてつくり出されねばならないかは問わない。

⑤新しい組織の実現（組織のイノベーション）

独占的地位（たとえばトラスト化による）の形成あるいは独占の打破による。

シュンペーターは、古いものは、自ら自分で新しい大躍進を行う力を持たないため、新しい結合を行った製品やサービス、組織は、古い企業からではなく、新たな者がつくり上げ、古いものと並んで現れ、やがて切り替わっていくと述べています。

今日でも日常に溢れる、基本現象としてのイノベーション

シュンペーターの五つの新結合は、『経済発展の理論』で、経済現象を説明するために登場した概念です。

しかし、彼の新結合＝イノベーションは、一〇〇年を経過した現代でも変わらぬ現象です。

新結合のイノベーションとして、現代の事例では女性用ストッキングを従来と違う販路である「スーパーマーケット」で販売してヒットした海外製品、卵の殻をイメージした容器の〝レッグス〟などがあります。

また、人気駄菓子として長い歴史を持つ「うまい棒」は、アメリカのパフマシンを日本の駄菓子メーカーである、株式会社やおきんの社長が目にしたことから始まっています。

パフマシンとは、とうもろこしを原材料にサクッとした歯ごたえのお菓子をつくる機械で

シュンペーターの5つの「新結合」

新しい欲望は、消費者から自然発生するのではなく、生産者が新しい魅力を教えることで生まれる。

新しい財貨

新しい生産方式

新しい販路の開拓

原料あるいは半製品の新しい供給源の獲得

新しい組織の実現

結合

イノベーション

（例）ヘンリー・フォードは「手作り自動車」＋「大量生産方式」で低価格と高い信頼性を生み出した。

（例）レイ・クロックは「マクドナルド兄弟の味」＋「フランチャイズ」で世界最大のバーガーチェーンを生み出した。

（例）うまい棒は「駄菓子」＋「パフマシン」で大ヒット。販路を駄菓子屋から「コンビニ」に変えて再ヒットした。

す。

パフマシンの作る歯ごたえある食感を面白いと思い、日本の駄菓子の味と組み合わせたものが、大ヒット商品の「うまい棒」です。

うまい棒は、近年駄菓子屋からコンビニなどに販路を切り替え再びヒットをしています。企業家が「なんらかの新結合」を活用して、消費者に新たな欲望を感じさせる魅力的なイノベーションを実現する。その繰り返しが経済の発展に結びついているのです。

意外なヒット商品は、必ず何らかの新たな組み合わせで生まれており、シュンペーターの概念は、一〇〇年後の私たちにもヒット商品を作るヒントを与えているのです。

イノベーションは、企業家の群れを出現させて好景気をつくる

シュンペーターは、常軌（通常の企業運営）は潮の流れに従って泳ぐ行為だが、新結合を狙う企業家は、潮の流れに逆らって泳ぐようなものだと述べています。

企業家を阻む三つのハードル

①古い習慣から外れるため、経験よりも洞察が必要である

②実証済みのことではなく、新たなことを始める難しさ

③集団の一員が他と異なる態度を取ることへの社会の抵抗と批判

彼は、一人の企業家がある種の新結合（イノベーション）に成功すると、追従者が同じ壁を一斉に超えるため、企業家は「群れで出現する」と語ります。

一九〇〇年代はじめ、トラクター、コンバインなど大型機械の導入で新たな生産方式を採用した農家では、一ブッシェルあたり六〇セントでも可能な生産改革が行われました。しかし、生産方式を変えなかった農家では同量で一ドルでも苦しい状態でした。イノベーションを起こした農家の成功は各地に伝染し、新たな生産方式を素早く取り入れた一群の農家が生まれていったのです（吉川洋著『いまこそ、ケインズとシュンペーターに学べ』より）。

新結合に成功した企業家の一群が社会に現れると、新しい生産方式への投資（消費）が生まれます。この投資（消費）が巨大な額となる過程が、好況期を生み出すのです。

しかしその後、新結合で生産される製品が、従来品より低価格で社会に提供されるとき、消費者はイノベーションの恩恵を受けて、古い生産者は大きな打撃を被ります。

生産効率の大幅な向上で余剰設備や失業者が増え、この変化が社会に吸収されるまで今度は不況期が訪れる。シュンペーターは企業家が壁を乗り越えたときの生産方式の一斉変更で好況期が出現し、製品の生産性向上が社会に吸収されるまでは、低価格化によって逆に不況が生み出されると考えたのです。

イノベーションは、社会の上層をいつも違った人々で満たしていく

「だれでも『新結合を遂行する』場合にのみ基本的に企業者であって、したがって彼が一度創造された企業を単に循環的に経営していくようになると、企業者としての性格を喪失するのである」（前出『経済発展の理論（上）』より）

企業家が一時のイノベーション（新結合）によって、生産性の向上や新しい付加価値で利益を得ても、そのあとは事業を同じ形のままで運営を続けるのであれば、イノベーションを忘れたことで企業家はその性格（資質）を失うとシュンペーターは指摘しています。

「社会の上層はいわばホテルのようなものであって、いつも人々で一杯ではあるが、いつ

も違った人々で一杯なのである――この人々というのは、われわれの多くのものが認めようとするよりもはるかに著しい程度で下から上がってきた人々である」（同書（下）より）

イノベーションの資質は企業家から自動的に家族や相続人に引き継がれるわけではなく、ある時期に企業家一家の社会的ステータスが高まっても、資質を受け継がなかった相続人は、やがて他者のイノベーションにより没落する運命をたどるのです。

企業家は、イノベーションを起こし続けることでのみ繁栄できる

シュンペーターが提示した「イノベーション」の戦略をまとめてみましょう。

①新たな欲望を生む魅力を消費者へ提示する
②五つの新結合をヒントにする
③企業家であり続ける

新たな消費が生まれるのは、生産者側が「新しい魅力」を消費者に教えたときであり、

その新しい魅力を生み出すためのヒントが「五つの新結合」なのです。

また、シュンペーターは「企業家であること」と「事業を単に運営すること」は別の行動であると明確に区別しました。イノベーターであり続けることが、事業の優位性を維持する唯一の方法なのです。

シュンペーターの好況・不況の議論から、一つ面白いこともわかります。大型のコンバインを導入して生産性を高めた農家は、自己の生産性を高める農業を行うだけでなく、世界中の農家に新たな生産方式をパッケージとして売り込むなら、利潤を最大化でき、なおかつ設備投資（消費）を大規模に引き起こすことで好況を生み出すきっかけもつくります。

シュンペーター

一八八三年オーストリア・ハンガリー帝国生まれ。ウィーン大学で博士号を取得、オーストリア共和国の大蔵大臣に就任も短期で辞任。一九三二年にハーバード大学教授となる。

26

パラダイムシフト戦略

ジョエル・バーカー「パラダイムの魔力」

新しいパラダイムでゲームのルールを変える

なぜ、スイスの腕時計職人は八割も失業したのか？

圧倒的なシェアを誇ったスイス製腕時計が壊滅

「六万二〇〇〇人のうち、五万人が職を失う」。実に八〇%が失業者となりました。

一九七九年から一九八一年にスイスで時計をつくっていた職人の話です。

世界の時計市場を支配していたスイスが、リーダーの座を明け渡した瞬間でした。

一体、誰に世界のリーダーを明け渡したのか？

日本に、です。

日本のメーカーによって水晶の振動を利用したクオーツ時計が普及したからです。

一九六七年に、スイス企業と日本メーカーのセイコーがクオーツ時計のプロトタイプを発表しますが、二年後に世界初の市販化に成功したのはセイコーでした。

一九七〇年にセイコーが特許を公開。世界中のメーカーがクォーツ時計に参入して、クォーツ全盛の時代が始まります。一方の機械式時計は壊滅に近い状態に陥ります（現在はスウォッチなどの新商品と、高級品嗜好によりスイス製も復活している）。

シンプルで正確なクォーツ時計の普及で、機械式全盛の時代が終わりを告げたのです。

優れた勝ち組が失速する、最大の要因とは？

パラダイムとは一体なんでしょうか？

アメリカの未来学者であり、「パラダイム・シフト」概念の提唱者であるジョエル・バーカーは著作『パラダイムの魔法』で以下のように述べています。

「パラダイムとは、ルールと規範であり（成文化されている必要はない）、①境界を明確にし、②成功するために、境界内でどう行動すればよいかを教えてくれるものである」（仁平和夫訳『パラダイムの魔力』より）

例えば、スポーツのテニスの選手は、テニスのルール内での技能を競います。テニスがうまくてても競技が野球やサッカーに変わると、テニス選手はプレーの優位性を失います。パラダイム（ルールと規範）が異なるからです。

仕事も同じです。パラダイム（ルールと規範）が異なるからです。自分の専門分野で実績のある人は、その分野でいい仕事をするパラダイム（ルールと規範）に習熟しているはずです。

ところが、みなさんの専門的なスキルは、まったく違う分野の仕事では活かせないことが多く、未経験の業界ならば素人同然になる可能性も高いでしょう。

機械式の精密腕時計の技術は、水晶の振動で時を測る仕組みの前には、まったくの無力になりました。正確さが根本から異なるので、競うことができなかったのです。

「いま戦っているのは、どんなゲームなのか。そのゲームには、どうすれば勝てるのか。それを教えてくれるのが、パラダイムだといえる」（同書より）

パラダイムが変わるとき、それは「新しいゲームに移行すること」を意味しています。

競技が変わるのではなく、同じ仕事をしていながら「成功のルール」が変わるのです。

同じ仕事、同じ業界の「成功要因」が切り替わるパラダイム・シフトで、勝者と敗者は激しく変わります。腕が落ちなくとも、スイスの時計職人の八割が職を失ったのですから。

解決できない問題がパラダイム・シフトの引き金を引く

パーカーは新しいパラダイムが出現する理由を、興味深い形で指摘しています。仕事やビジネス、社会のパラダイム（ルールや規範）は、そのパラダイム自体が解決できない問題が〝山積み〟となることで切り替わる、というのです。

既存のパラダイムで多くの問題が解決されると、そのパラダイムで簡単に解決できる問題は減っていき、最後に現行パラダイムでは解決できない問題のみ残ります。

古いパラダイムで生活してきた私たちは、解決できない問題の山を見ても、もっと努力すれば、もっと資金を投入すれば解決できるはずだと考えがちです。

ところが、慣れ親しんだ古いパラダイムで解決できなかったからこそ、その問題はいまだ残っているのです。つまり、このアプローチでは成功できません。

では、パラダイムを変える人間はどんな人たちか？

それは「アウトサイダー」たちだと、パーカーは分析しています。

パラダイムを転換する四種のアウトサイダー

①研修を終えたばかりの新人
②違う分野から来た経験豊富な人
③一匹狼
④よろずいじくりまわし屋

四種のアウトサイダーには、二つの共通項があります。

ある種の無知と好奇心が武器になっていること。既存のパラダイムに囚われず、新しい視点で物事を捉える意志があることです。

「何ができないかを知らない」ことで、問題解決に新しい方法を試してしまうのです。やり方を変えてはいけないと知らないので、簡単にやり方を切り替えるのです。

一九八四年、自動車のエアバックをわずか五〇ドルのコストで製造できる新技術が開発されました。当時GMやフォードなどの自動車メーカーは最低でも五〇〇ドルから六〇〇ドルはかかると考えていたので、約一〇分の一の大幅なコストダウンです。

この新技術を開発したのは、なんと手榴弾の信管起爆装置のメーカーだったのです。

ブリードというこの会社は、四〇万ドルに満たない研究開発費でコスト一〇分の一のエアバック装置を完成させました。

同社はこの新技術をGMに持ち込みますが、門前払いを受けます。GMの技術者は、手榴弾のメーカーにエアバックがつくれるはずがないと思ったのです。同社の技術はイギリスのジャガーと日本のトヨタが受け入れました。GMは画期的な新技術を、ろくに話も聞かず追い返す大失敗をしたのです。

企業が時代の変化を乗り越える三つの選択肢

ビジネスで自社の未来をつくり出すため、パラダイム・シフトの概念をどう利用するか。パーカーは企業の決断に役立つ三つのパラダイム・シフトを解説しています。

経営判断に役立つ三つのパターン

①パラダイムを変えずに、顧客を変える
②パラダイムを変えて、顧客を変えない
③パラダイムを変えて、顧客も変える

①パラダイムを変えずに、顧客を変える

小切手印刷のトップ企業だったデラックスは、印刷の速さと正確さを自社の強みにしていましたが、ネット・バンキングの時代には小切手印刷だけでは生き残れないと判断。彼らは「高速で間違いのない印刷」を必要とする顧客を探して解決策を見つけます。現在、銀行、オフィス、コンピューター専用用紙やグリーティングカードなどを販売。速く正確な印刷という自社の強みが土台になる新規事業で多角化を成功させたのです。

②パラダイムを変えて、顧客を変えない

ＩＢＭは大型コンピューターで世界的な支配力を持っていましたが、小型化とソフトウェアの重要性が高まることで、地位を失い始めます。同社はＩＴのソリューション・サービスをビジネスの中心として、自社の既存顧客に、新たにソリューション・サービスを売り込む企業に変身します。ＩＢＭは顧客を変えず、強みとしての自社製品とサービスを差し替えて復活を果たしたのです。

③パラダイムを変えて、顧客も変える

米モトローラー社は、もともとカーラジオなどの家電製品メーカーでしたが、一九六〇年代に自社の中心事業と顧客の両方を変える大改革に乗り出します。当時CEOだったボブ・ガルビンは会社の方針を変えて半導体関連企業となり、顧客も完全に切り替えることに成功します（テレビ、ラジオ事業は一九七四年に当時の松下電器に売却）。

「パラダイム」×「顧客」の組み合わせは、「自社の強み（中心事業）」×「顧客」と言い換えることもできます。

既存の強みをそのままで、顧客を広げるか、既存顧客に提供する強みを変えるか、あるいは両方を変える三つの選択肢があるのです。

未来に問題解決できる余地は常に残されている

パラダイム・シフトの戦略とは、パラダイムの組み合わせを柔軟に選択することです。

私たちは皆、過去のパラダイムに習熟しています。慣れ親しんだ「自社の強み（中心事業）」と「顧客」の組み合わせは、これまで繁栄を約束してくれたからです。

企業の決断に役立つ「3つのパラダイム・シフト」

※パラダイム＝自社の強み
※1～3の番号は本文中の番号と対応

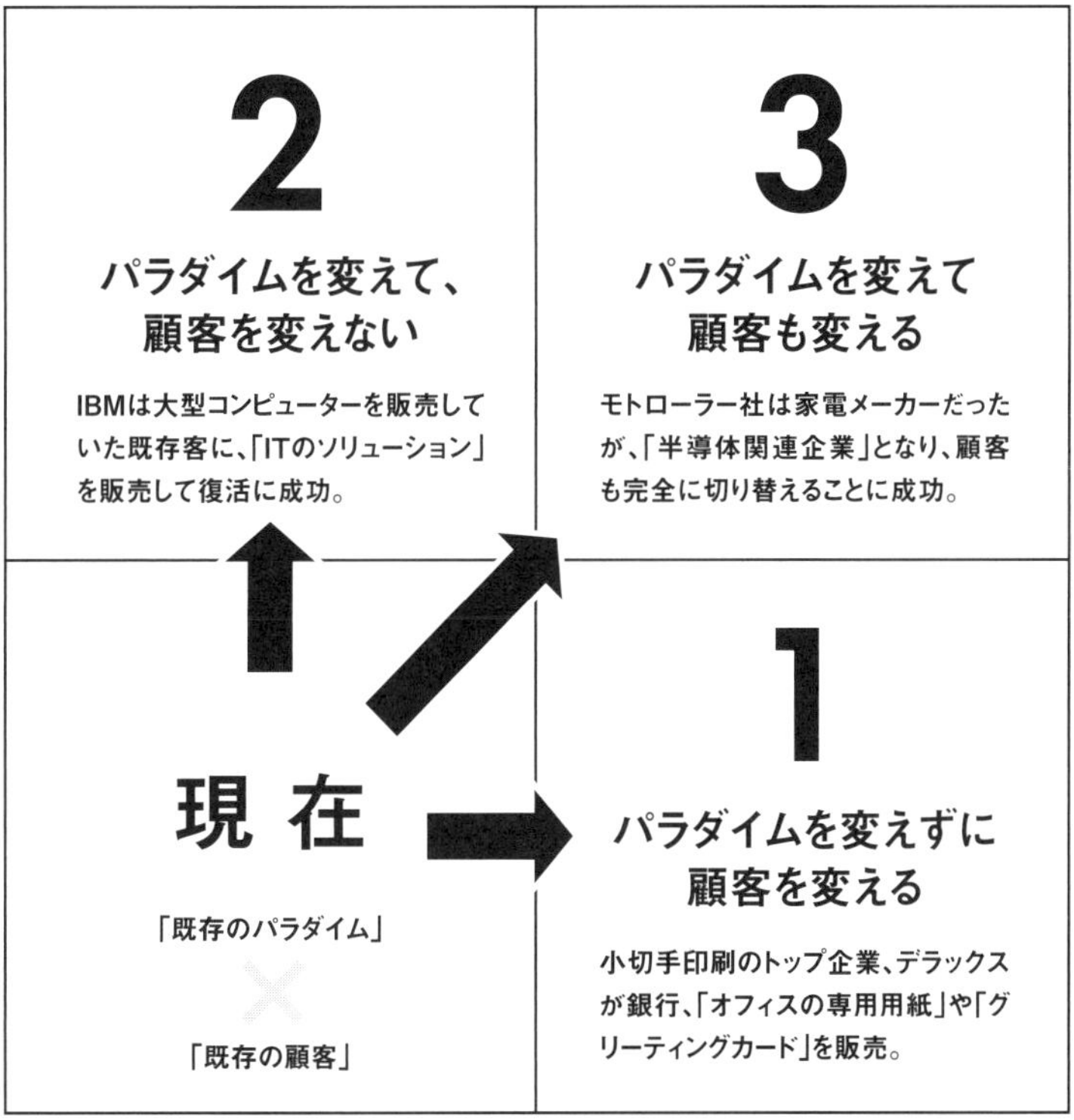
2
パラダイムを変えて、
顧客を変えない
IBMは大型コンピューターを販売していた既存客に、「ITのソリューション」を販売して復活に成功。
3
パラダイムを変えて
顧客も変える
モトローラー社は家電メーカーだったが、「半導体関連企業」となり、顧客も完全に切り替えることに成功。
現在
「既存のパラダイム」
×
「既存の顧客」
1
パラダイムを変えずに
顧客を変える
小切手印刷のトップ企業、デラックスが銀行、「オフィスの専用用紙」や「グリーティングカード」を販売。

「自社の強み（中心事業）」×「顧客」の組み合わせを変えて、時代の変化を乗り越える!

しかし時代は元に戻らず、パラダイムの変化は繰り返され、振り返ることはありません。新たな動きを始めたのが自分以外の誰かであっても、変化に鋭敏である必要があります。

企業にとってパラダイムの組み合わせを変えることは、問題解決能力を取り戻すことに似ています。過去山積みだった未解決の問題が、新たな速度で解決され始める瞬間は、柔軟なパラダイム・シフトで切り拓かれるのです。

新しいパラダイムで勝ち組を一掃する

「将来を予見する能力を高めたいと思うなら、トレンドが目にみえて変わってくるまで待っていてはいけない。ルールをいじりはじめた人に注意しなければならない。それが、大きな変化の最初の兆候だからである」（同書より）

四種のアウトサイダーは過去のアプローチでは解決できない問題を、新しいアプローチで解いてしまい、結果として業界の成功要因（ルールや規範）をガラリと変えます。

彼らは古いルールをよく知らず、縛られないために新たな突破口を見つけるのです。

パーカーが指摘する戦略とは、将来にうまく対処するためパラダイムの柔軟性を常に最大限高めておくことです。誰かがルールを変えて、新たな成功事例が生まれたとき、そこに意を決して飛び込むことができるようにです。

ジョエル・パーカーは日本企業を精緻に分析し、その躍進を跳ね返す方法をアメリカ企業に広めた人物とも言えます。アメリカ企業は柔軟性を失っていただけであり、パラダイムを変化させるならば、既存の勝ち組を一掃できると証明したからです。

彼のパラダイムの概念は、その後のイノベーション全盛時代をアメリカにもたらした奇跡の突破口であり、彼の著作自体がパラダイムをシフトさせた存在だったのです。

ジョエル・パーカー

一九七〇年代に米ミネソタ州の科学博物館の未来学研究部長を務め、パラダイム・シフトの概念を世界に広める活動を開始。のちに発売したビデオ教材は世界一六か国で翻訳され大ヒットする。

27

組織的イノベーション戦略

クレイトン・クリステンセン「イノベーションのジレンマ」

見えない市場に小さく挑戦できる組織をつくる

なぜ、優れた経営者こそ判断を誤るのか？

ハードディスク業界で繰り返された「奇妙な現象」

経営者の正しい判断で、企業が倒産を繰り返すと聞いたら、みなさんは驚くでしょうか。

ハーバード・ビジネススクールの教授だったクレイトン・クリステンセンの著作『イノベーションのジレンマ』には、正しい判断ゆえに失敗するケースが紹介されています。

ハードディスクは情報を記録し、読み出す補助記憶装置です。パソコンを日々使われる方はご存じだと思いますが、円盤型の磁気ディスクとして組み込まれています。

この部品としてのハードディスクは歴史と共に、二つの進化をしてきています。

①同じサイズのまま記憶容量が増大すること
②装置のサイズを小さくすること（ただし記憶容量は減る）

そして、このハードディスク業界に〝奇妙な現象〟が起こります。
では、何が〝奇妙な現象〟だったのか？
①の変更が起きたとき、常に従来の優良企業が優れた技術でリードをしていました。
しかし、②の変更では、新規参入の企業が大きな成功を収めることになったのです。
同じ現象はサイズが縮小するたびに繰り広げられ、いつも優良企業が敗退したのです。
なぜ二つの変更は、これほど違った結末を生み出したのでしょうか。

顧客の声に耳を傾けると選択を間違う!?

実は二つの変更は、まるで違う方向性を持っています。
①の記憶容量の増大は、既存ディスクを購入している顧客には、純粋な性能向上です。ディスク容量が増えれば、機器の利便性が増すからです。
ところが、②のサイズが小さくなることは、既存客にはメリットが一つもありません。

自社にはサイズ縮小のニーズはなく、記憶容量の減少は明らかなデメリットだからです。

顧客ニーズに敏感な経営者が正しく判断すると、①に投資を振り向けることになります。②のサイズ縮小を選んだ企業は、自社の既存顧客には新商品を売ることができません。サイズの違いを別にすれば、明らかに性能が低いからです。

②は、既存客に新たな魅力を提案できる活動ではないため、投資後のマーケットがイメージできません。顧客の声に耳を傾けるなら、この技術には投資できないのです。

ところが、既存客にメリットがないはずのこの技術が、小さなサイズに価値を見出す新たな業界に販売できたとき、優良企業を粉砕する破壊的な存在に成長してしまうのです。

優れた経営者が必然的に市場を見誤る理由

一四インチのハードディスクが全盛のとき、小さな八インチのディスクを発売した企業は、大型コンピューターではなく、デスクサイドに置くミニコンピューターに市場を見出しました。ミニコンピューター製造者には、小さいことは大いに価値があったからです。

数年後、八インチのディスクは容量が増え、大型コンピューターの低価格市場を侵食していき、最後は一四インチのメーカーすべてが撤退に追い込まれました。八インチの製品はミニコン市場で生き残り、性能向上で一四インチを侵食したのです。①は過去と同じ「記憶容量の大きさ」で製品の評価が下される延長線上の変化です。ところが、②は容量ではなく「サイズ（コンパクトさ）」という別の基準で評価される変化です。①は既存客に高く評価される一方、②は新市場以外では販売できない変化です。

クリステンセンは、この二つを次のように区別しています。

①＝持続的技術（評価基準が同じ変化）
②＝破壊的技術（評価基準が違う変化）

持続的技術は、現時点での顧客から高く評価されるため、顧客ニーズを正確に理解しているマネージャーや経営者は高い将来性をその技術に見出します。

逆に②の破壊的技術は、なぜその新製品を評価しなければいけないか、既存の顧客には理解できない存在です。これにより経営者は②の技術に魅力を感じないのです。

したがって、既存顧客の価値観をしっかり理解しているマネージャーほど、まったく新しい市場を開拓する「破壊的技術」を避けることになってしまうのです。

大企業は市場の最上層で行き場をなくし、ベンチャーに敗北する

記憶容量で劣る小さな八インチが、新たな市場を発見したことはいくつかのメリットがありました。その一つは、市場には強力な競合相手がいなかったことです。

既存の優良企業は、大型コンピューター市場をがっちり押さえており、一四インチの大きさにおける記憶容量の増加技術も高いことで、つけ入る隙がありません。

八インチの新市場は、容量が少なくていい代わりに、当時は価格も低く利益も少ない業界でした。上位市場にいる優良企業にはうま味がなかったのです。

結果、低い利益率ながらも競争の少ない新市場で急速に売上を拡大することが可能になり、その利益で技術向上をしたことで、上位市場攻略の準備が整ったのです。

下位市場から上位市場を狙う新興企業は、低い利益率に慣れているため、上位市場の攻略では、既存の優良企業よりも価格競争などに強い傾向があります。

そのため、競争のない下位市場からのし上がってきた企業に大手も惨敗するのです。

こうして優良企業と大手顧客が見向きもしなかった新技術により、業界の勢力構造がひっくり返されてしまうのが、「イノベーションのジレンマ」の仕組みです。

イノベーションのジレンマを打破する戦略とは？

優れた企業は破壊的技術の出現を、どうすれば活用できるのでしょう。

クリステンセンは、破壊的技術を自社の勝利に結びつけた企業には、五つの原則があったと述べています（以下『イノベーションのジレンマ』より著者が要約）。

破壊的イノベーションで成功する原則

①破壊的技術の商品化は、それを必要とする顧客を持つ組織に担当させる
②小さな機会や小さな勝利にも前向きになれる小さな組織に任せる
③試行錯誤を前提として、失敗を早い段階でわずかな犠牲にとどめる計画を立てる
④主流組織のプロセスや価値基準を利用しないように注意する
⑤これまでと違う特徴が評価される新しい市場を見つけるか、開拓する

破壊的技術は「まだ見えない市場」に向けたプロジェクトのため、既存顧客を視野に入れた価値観の中ではうまく育てられません。そのため、既存顧客の価値観に染まっていないチームをつくり、まだ姿が見えない市場に対して、小さく挑戦し続ける必要があるのです。

大企業が社内で小さなベンチャーを育て上げるように

クリステンセンのジレンマを打破する戦略を、改めて整理してみましょう。

①違う基準で評価される新技術に目を向ける
②新しい市場へ投入する
③既存客に縛られない組織を意図的につくる

三つが揃うとき、新規企業が大手をひっくり返す、破壊的イノベーションが生まれます。古くはソニーのウォークマンがこの構造に当てはまる破壊的イノベーションだったと理解できますし、かつてのベンチャー企業がなぜ新規の商品をヒットさせることができないかの理由もわかります。現在の顧客ばかりを見て、思考が固定されているからです。

クリステンセンの五原則のうち、①②③はまさに若いベンチャー企業が持つ特質です。

彼らは「既存客に縛られる」ことがありません。なにしろそんな顧客がないからこそベンチャー企業なのですから。

破壊的イノベーションが示すポイントは、組織が年を重ねるごとに人間のように精神的に老いていく様をイメージさせます。経験と成功が、違う基準での評価を妨げているのですから。

世界的に評価される頭脳であるクリステンセンが解明したのは、組織の老化により新たなイノベーションを起こせなくなる病を防止する戦略だったのです。

クリステンセン

一九五二年生まれ。コンサルティング会社勤務後、一九九二年よりハーバード・ビジネススクール教授。世界の経営思想家トップ五〇を選出する Thikers50の一位に三回連続で選出されている。

第10章

新たな生態系を生み出す 21世紀の戦略

28

プラットフォーム戦略

ガワー、クスマノ「プラットフォーム・リーダーシップ」

他社を競争させて自社の利益を極大化する

なぜ、フェイスブックは急速に成長できたのか？

急速に重要度が増している新しい戦略

アマゾン、フェイスブック、楽天、ユーチューブ、ヤフオク!、アップルのiTunes Store。いずれも現在大成功している企業やサービスです。これらに共通するものは、一体何でしょうか？

それは「プラットフォーム」の提供で成功していることです。

「プラットフォーム」とは、もともと鉄道やトラックで乗客の乗降や荷物の揚げ降ろしをする場所のことです。紹介した企業は、商品や情報のやり取りがされる場所を提供していることで、プラットフォームを生み出していると言われているわけです。

少し変わったところでは、大規模なお見合いサービスもプラットフォームを提供しています。結婚を希望する男女が集まり、それぞれの希望条件をやり取りするからです。最近では、ランサーズのように、企業の仕事依頼とフリーランスの人たちをつなぎ合わせて、ネット上で仕事を完結させる「クラウドソーシング」と呼ばれるプラットフォームも注目されています。

なぜ、プラットフォームを持つ戦略の重要度が増しているのでしょうか。

なぜ、通常では考えられないスピードで成長できるのか？

注目すべき点の一つは、彼らの成長スピードの速さです。

アマゾンは一九九四年に創業、二〇一二年には全世界で六兆円を超える売上高です。楽天は創業が一九九七年、二〇一二年時点で売上高四四〇〇億円を超えています。フェイスブックは設立が二〇〇四年、二〇一二年時点でユーザーは一〇億人以上です。

通常では考えられないスピードの成長。これはプラットフォーム戦略が注目される最大の理由だと言っていいでしょう。

極めて速い成長スピードの理由は、簡単な原理で説明できます。

オークションでもフェイスブックのような交流サイトでも、参加者が増えれば増えるほど、そのプラットフォームの魅力が増し、さらに多くの参加者を引きつけるからです。同じオークションの機能を持つサイトなら、出品者と購入希望者が多く集まるサイトのほうが、販売側にも購入側にもよりメリットがあります。

・出品者が多い＝商品を選ぶことができる
・購入希望者が多い＝売上増を期待できる

一位になった企業ほど、さらに多くの参加者を集めるのです。

クレジットカードのような決済サービスのプラットフォームも同じです。海外旅行で便利なクレジットカードですが、利用する消費者側は、できるだけ加盟店舗の多いカードを選びます。そのほうが使える場所が多く便利だからです。参加者が多いサービスほど、さらに人を集めて魅力が増していくのです。

これは、「winner take(s) all」（勝者がすべてを手に入れる）のゲームです。

このように参加者が多いほど利便性が増すことを「ネットワーク外部性」と呼びます。

プラットフォームは、人がさらに人を呼ぶ効果を発揮するため、勢いを得ることに成功すると、雪だるま式に参加者が増えることになるのです。

顧客を競争させて利益を生むプラットフォーム戦略*

では、プラットフォーム戦略とは何を目指し、どんな機能を持つのでしょうか。

一つ言えるのは、彼らは主役ではないことです。アマゾンなら書籍や物品が主役ですし、フェイスブックは参加している個人が主役です。楽天やユーチューブも同じです。

当初は主役が活躍できる舞台を準備する、黒子のような存在なのです。

しかし、やがて観客が増加すれば、舞台の支配者のような立場に変わっていきます。

プラットフォームの人間関係

- **主役になる参加者**
- **観客になる参加者**
- **舞台を提供する企業**

この三者の関係を考えるとき、一つ重要な視点があります。

主役となる大スターが一人しかいない場合、主役に出演してもらうために、いろいろな劇場が主役に頭を下げる側に回ることです。

しかし、主役となる演技者が多数いる場合、舞台提供側は、選ぶ立場に回ることができます。つまり、競争が導入されると舞台側の権力が強化されるのです。

「競争の導入で舞台側の権力が強化される」ことが、この戦略の重要なカギです。この「競争を導入する」とは、主に次の二つのことを意味しています。

①主役になれる道具を配布して、主役の数を増やす

ネットのモールでは、はじめてインターネットで出品する企業にも、簡単に販売が開始できるように、さまざまなシステムを提供しています。

これはアイドルグループが、新人を常に加入育成して、一人のアイドル個人に人気と権力が集中しないようにすることに似ています。フランチャイズチェーン・システムで独立開業者を全国に募ることも同じ構造と効果を持っています。

②顧客（観客）を囲い込むことで、主役を一つの舞台に集めて競争させる

舞台に顧客を囲い込むことで魅力を高め、一つの舞台に多くの主役を集めること。主役

が集まることで、舞台の魅力もさらに増し、観客も増加していくことになります。

これはネットワーク外部性とほぼ同じ意味です。先に顧客を囲い込むことで、他社が新たなプラットフォームをつくることを断念させることも可能になります。

プラットフォーム戦略の最終目的は、競争の導入によるメリットを享受することです。


（以前）「顧客（主役）に競争させられる立場」

（以降）「顧客（主役）を競争させる立場」


プラットフォーム戦略は、難しく語られることが多いのですが、その本質は「顧客を競争させる場をつくる」ことなのです。それも自社の製品を通じてです。

お見合いや合コンの幹事は、その意味で典型的なプラットフォームの提供者です。場をつくり出すことで、参加者がそれぞれ自己ＰＲの競争をすることになるからです。

逆に、一人の魅力ある人物の前で、複数の他者と競争するのが、通常のビジネスです。

大型ショッピングモールは、遠方から消費者を広く集める能力があることで、比較的高額な賃料でテナント（主役）を集めて、一つの舞台で競わせることができます。

同時にテナントが複数入ることで、一つの突出したテナントの発言権が膨張することを防いでいます。競争の導入で、プラットフォームは利益と支配力を得ているのです。

プラットフォームによる健全な競争には、いくつもの明確なメリットがあります。数多くの商品が比較でき、配送情報などをたびたび入力する手間も省けます。関連する情報が集約されていることは、情報を探している側には大きなメリットです。

プラットフォームにおける主役・観客・舞台は、そのまま出品者・消費者・プラットフォーム企業と置き換えることができます。

競争の導入で三者にメリットを生みながら、配分をバランスさせることが重要です。不公平すぎれば、主役は別の舞台へ移動するか、自らの舞台を持つことを目指すからです。

IBMの単なるサプライヤーだったインテルの激変

プラットフォーム戦略は、サービスや情報だけに適用されるものではありません。

現在、PC業界で支配的な立場のインテルは、当初IBMのサプライヤーの一社に過ぎませんでした。PCの規格をIBMが支配していたため、その規格に沿って部品を納入することしかできなかったからです。

プラットフォーム戦略の構造

①主役になる参加者
②観客になる参加者
③舞台を提供する企業

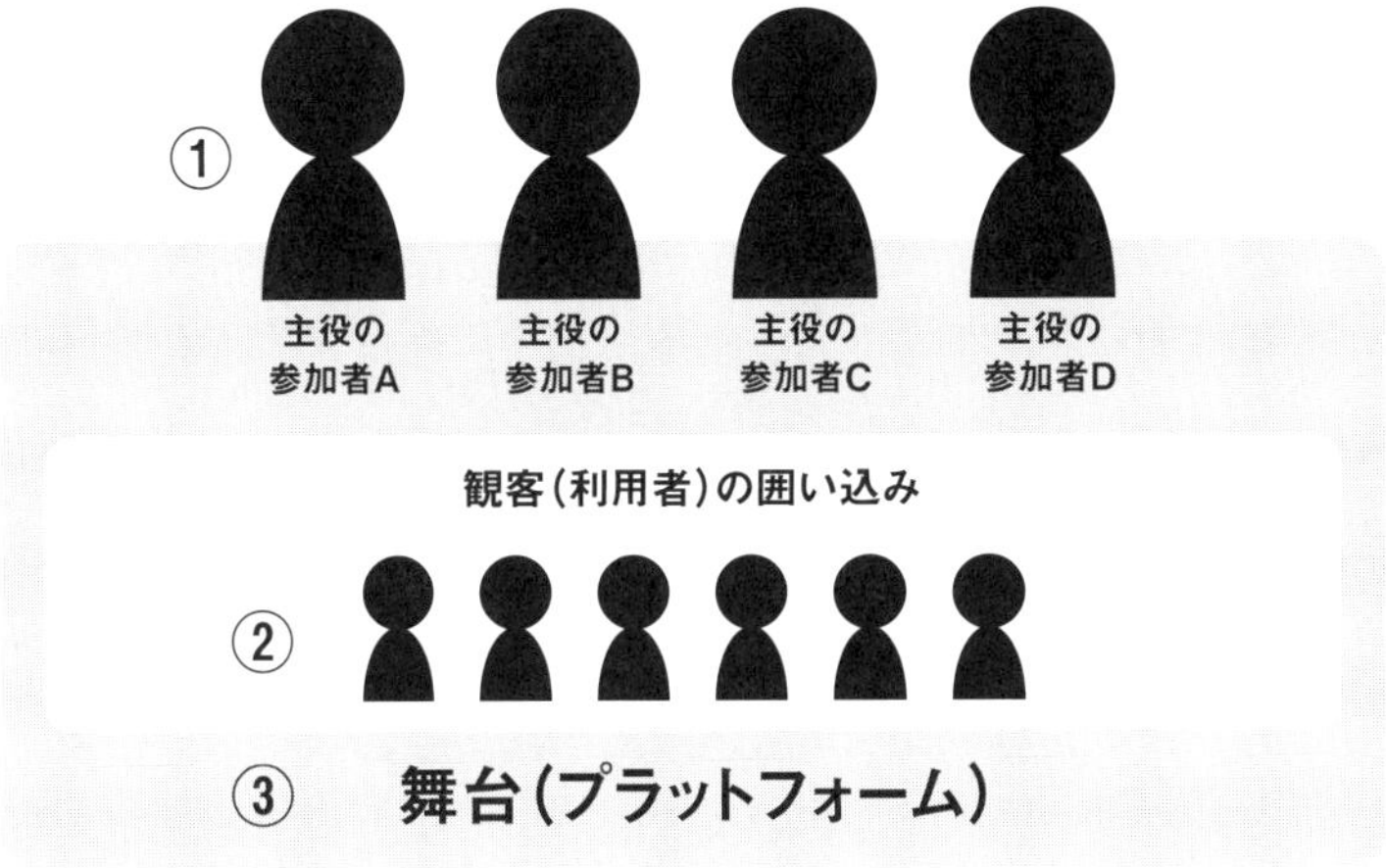
①
主役の
参加者A
主役の
参加者B
主役の
参加者C
主役の
参加者D
観客（利用者）の囲い込み
②
③　舞台（プラットフォーム）

①主役　舞台で魅力を振りまいてくれる、スターとなる主役を多く育てる。そのため登竜門のように、舞台に上がる手助けをする。

②観客　観客（利用者）を囲い込むことで、主役にとっても舞台に上がるメリットが強化される。

③企業　舞台に上がってくれる主役が多いほど、観客が集まる魅力的なプラットフォームになる。

ところが、一九九一年にインテルはＰＣＩ（周辺機器の相互接続）バスを開発し、それを業界に採用させる活動を開始します。これでインテルは、他社規格に半導体を供給する企業から、産業の設計者の地位を手に入れたのです。

英国のインペリアル・カレッジ准教授であるアナベル・ガワーと、ＭＩＴスローン経営大学院の名誉教授、マイケル・Ａ・クスマノの共著『プラットフォーム・リーダーシップ』では、インテルのＰＣＩバスを最終的に受け入れたことが、ＩＢＭのＰＣ市場での支配力を崩壊させたとしています。

インテルが新型のプロセッサを発売するたびに、その性能に応じたＰＣを世界中のメーカーがつくれるようになり、インテルの製品向上が市場を牽引する形になっていきます。エンジン製造会社の新製品が自動車メーカーの企画につながるような、一種の逆転劇です。

インテルは自社製品が世界中のＰＣメーカーに使いやすくなるよう、さまざまな改良を重ねて市場を拡大し、一方のＩＢＭはインテルに規格を許したため、市場で単なる一競争企業の地位に落ち、最終的にＰＣ製造からは撤退することになりました。

インテルは主役を生み出す機能を配布し、自らが舞台の支配者になったのです。

インテルのプラットフォーム戦略は、単なる部品メーカーだった企業が、支配的な力を手に入れる奇跡の成功物語となりました。

リブセンスの成功、新しい収益モデルの出現

企業の求人広告と、応募者をマッチングさせる求人サイトは、プラットフォームとしては比較的古く、すでに大手を含めた各社が地位を固めている分野です。

ところが、二〇一一年に上場した株式会社リブセンスは、新しい収益のビジネスモデルを開発し、求人広告のプラットフォームに新たな旋風を巻き起こしました。

通常ジョブマッチング会社は、企業の求人掲載に応じて課金をするのですが、リブセンスは〝成功報酬型〟の新たな形を生み出しました。企業は無料で求人を掲載でき、採用を成功させる度に費用を支払うのです。採用を確認するため、採用された人の側に「採用されたらお祝い金を払う」仕組みがとられているのもユニークです。

なお、リブセンスは成功報酬型のモデルを、賃貸不動産のサイトにも導入しています。

一方、プラットフォーム企業にも栄枯盛衰は訪れます。二〇一一年には国内ＳＮＳ最大手だったミクシィは、翌年にはフェイスブックの登場で一時衰退し、最近では広告からゲーム課金に収益の柱を変化させて、低迷していた株価が数倍となる事態となっています。

社会と市場の変化に応じ、進化していくプラットフォームだけが生き残るのです。

競争の導入には利益がある、問題はそれが誰のものになるか

インテル製品を中心にPCの製造ができることで、世界中でPCメーカーが立ち上がり、IBMの競合となって、PC業界の支配権が変化したことはすでに述べました。日本の電器メーカーが凋落した原因は、あくまで最終製品をつくることにこだわり、他社がその製品を使うことで舞台に上がり、競争を繰り広げるプラットフォーム製品を目指していないからではないでしょうか。

ちなみにインテルは、新製品の開発と並行して、他社のソフトウェア開発への支援も怠りませんでした。パソコンの高速化がユーザーの増加と用途拡大に結びつくように準備した上で、プラットフォームを展開したのです。この対策抜きでは、新型プロセッサを出荷しても、さらに高速化されたPCの使い手が不在で売れません（この点は、液晶パネルの高機能化を収益にできなかった日本企業と大いに異なる）。

競争相手がどんどん出現する立場に利益はありません。プラットフォーム戦略は、顧客を含めた他社を競争させることで、自社の利益を拡大する方法なのです。

一方で競争を加速させる立場（舞台）をつくり利益を得るプラットフォーム戦略は、コンテンツをつくる側の立場を弱体化させており、特に音楽業界ではネットのダウンロードビジネスの普及で、アーティストの数が激減したと言われています。理由はアーティスト側にお金が残らず、プラットフォーム以外ほとんど儲からないからです。

アメリカではすでにアーティストがダウンロードに参加しない事例も増え、日本ではアイドルグループが、人気投票とCD購入を結びつけるなどアイデアを絞っています。

今後、製品製造やコンテンツをつくる側の企業と人は、独自のプラットフォーム展開と製造を並行して行うことで、自社の利益を守る対策が必要になっていくでしょう。

（左）クスマノ
（右）ガワー

A・ガワーは英国インペリアル・カレッジの准教授。マイケル・クスマノはMITスローン経営大学院の名誉教授であり、ソフトウェア関連の世界的権威。

＊「プラットフォーム戦略」は、(株)ネットストラテジーの登録商標です。

29

リバース・イノベーション戦略

ビジャイ・ゴビンダラジャン他「リバース・イノベーション」

視点を逆転させて、さらにシェアを拡大する

なぜ、GEのグローカリゼーションは失敗したのか?

我々は「ゲータレード」を飲んでいなかったからね

世界七〇か国で愛飲され、スポーツドリンクのシェア世界一位の商品といえば「ゲータレード」です。一九六〇年代に活躍したフロリダ大学のフットボールチームが飲んでいた、水分、電解質補給飲料がその始まりです。

一九六七年、オレンジボウルの決勝戦でフロリダ大学に負けた、相手大学のコーチが、敗因を「我々はゲータレードを飲んでいなかったからね」と答えた伝説を持っています。

選手が発汗と運動で失う成分を、すばやく補給するこの世界初のスポーツ飲料は、先進国アメリカで開発されましたが、核となるヒントは実は途上国の知恵にありました。一九

六〇年代はじめ、南アジア諸国でコレラが流行し、現地に向かった西洋の医師が、コレラの激しい下痢への昔ながらの民間療法を知ったことがきっかけです。

「ココナッツやニンジンのしぼり汁、米のとぎ汁、キャロブ（イナゴマメ）の粉、乾燥バナナなどを配合した飲料を飲ませるものだった。当時の西洋医学では、下痢で苦しむ患者の胃に炭水化物を入れると、コレラ菌が増殖して病状が悪化すると考えられていた」（渡部典子訳『リバース・イノベーション』より）

これはインド伝統のアーユルベーダ医療の治療法であり、イギリスの医学情報誌に有効性が掲載され、フロリダ大学の医学部教授、ロバート・ケード博士の目に留まります。

ケード博士は成績不振だった同大学のチーム「フロリダゲーターズ」のアシスタントコーチと友人であり、彼から成績向上の対策はないかと相談を受けていたのです。

コレラ患者とフットボール選手に共通する問題「急速な水分補給の必要性」への答えを見つけた博士は、試作を繰り返してゲータレードを完成させます。

世界ナンバーワンの飲料は、一般的な「先進国から途上国へ」のイノベーションの流れとは逆に、川下から川上へ向かう、リバース・イノベーションの先駆事例だったのです。

世界人口の八五%、五八億人の巨大市場で勝利せよ！

『リバース・イノベーション』では、今後、先進国の企業は新興国のマーケットを重視しない限り、成長を続けることは不可能になると指摘しています。世界のＧＤＰ成長のほとんどは、いまや新興国の成長に支えられているからです。

「世界人口の実に八五%に当たる五八億人が貧困国で暮らしている。国内総生産（ＧＤＰ）では中国が二位、インドが四位で、貧困国のＧＤＰは世界のＧＤＰのほぼ半分、約三五兆ドルである」（同書より）

書籍『リバース・イノベーション』の著者で、戦略マネジメント、イノベーションの世界的権威であるビジャイ・ゴビンダラジャンは、先進国の一流企業でも新興国市場で大失敗をするワナがあると指摘します。理由は、新興国の巨大市場の特異性にあります。

「最も顕著な違いは、顧客の数がはるかに多く、一人ひとりが使える額がはるかに少ない、

という点である（中略）。一〇〇〇円使える人が一人いるのではなく、一〇〇円使える人が一〇人いると考えなくてはならない」（同書より）

多国籍企業が失敗する理由の一つは、新興国が先進国の過去と、同じようなルートをたどると考えることです。彼らの成長を待てば、やがて先進国で売れた製品に飛びつくときがくるだろう、というわけです。実は、この思い込みこそが失敗を生む元凶となります。いきなり携帯電話が普及する、あるいは無線通信への急速な投資で、リアルの銀行店舗ではなく、モバイル・バンキングが発達するなど、同じ道をたどるとは限らないからです。未開拓で可能性に溢れた巨大な「新興国」市場では、社会条件が異なるため、先進国で売れた製品をそのまま持ってきても、予想外の惨敗を喫することがあるのです。

なぜ最高級の心電計は、使われずに放置されていたのか？

「リバース・イノベーションは、それを理解している国や企業には富や力を再配分する可能性を秘めているが、理解していない国や企業は衰退していくかもしれない」（同書より）

途上国は富裕国とは違い、毎日少額を使う人たちが大勢いる場所です。ゴビンダラジャンは「中国とインドはマイクロ消費者のいるメガ市場なのである」と語ります。消費者が求める条件が天と地ほども違うため、先進国の人気商品を、ローカルに少し合わせて安くする「グローカリゼーション」ではまったく売れないことさえあります。

GEヘルスケアは医療画像処理、診断、健康情報技術の世界的メーカーの一つです。GEはインド市場でグローカリゼーション戦略を進めたとき、先進国向けの製品を安い三〇〇〇ドルで提供したのですが、営業担当者が嘆くほど売れませんでした。インドの平均収入やインフラ、患者の受診を妨げる基本的な制約条件をしっかり認識していなかったことが、同社製品がインドで完全に無視された理由でした。

GEのグローカリゼーションが大失敗した理由

GEが失敗した理由は次の二つに集約されます。

①収入

心電図検査の五～二〇ドルは多くのインド人にとって高額すぎた。胸の痛みを感じても、受診や治療で破産する恐れがあり、また三〇〇〇ドルから一万ドルの心電計は、インドの医師や診療所には高額すぎて手が出なかった。

②インフラ事情

診療所がなく、訪問診療が多いため、インドでは携帯性が必要だった（GE製品の重量では運べなかった）。電気が通じていない地域も多く、バッテリーで動くことが必要だった。専門医の不足から、分厚いマニュアルではなく誰でもわかる操作性が必要であり、地方ではメインテナンスと修理が難しいため、修理が容易な構造も必須だった。

患者が命の危険を感じても高額すぎて戸惑い、医師にも高額すぎる。訪問診療では役に立たず、修理も難しい。これではGEヘルスケアの製品がインド市場で売れる理由がありません。彼らの惨敗は、むしろ必然の結果だったのです。

驚くべき目標設定と、先進国でも大ヒットする不思議さ

インド市場の「本当のニーズ」を確かめたあと、GEヘルスケアは既存製品を新規市場

向けに調整するのではなく、インド向けに新製品をつくる新たなチームを編成します。

彼らの掲げた製品目標は驚くべきものでした。

インド市場向け製品の驚くべき仕様

①価格は八〇〇ドル（従来モデルの三分の一以下）
②総重量の目標は一・一〜一・二キログラム
③一回の充電で最低一〇〇回心電図を記録できる
④緑のスタートボタン、赤のストップボタンなどを付けた使いやすさ
⑤故障への対応として交換型モジュールを採用

内部の電子部品には特注品ではなく汎用品を使い、プリンターは専用機ではなくバスなどのチケット印刷機を流用して劇的なコストダウンに成功します。

一・一八キログラムで携帯でき、検査料金は都市部の患者で九〇ルピー（二ドル）、農村部の患者は四五ルピー（一ドル）となりました。従来モデルに比べかなり割安です。

「MAC四〇〇」と命名された新しい心電計は、のちにインドだけではなく世界中の国で発売されました。驚いたことに、欧州でも大型機を買う余裕のない開業医に歓迎され、す

リバース・イノベーションの構造

新興国は世界人口の85%である。
58億人の巨大市場を狙え！

グローカリゼーション	リバース・イノベーション
先進国の人気商品を、新興国用にカスタマイズして販売。	新興国市場で本当に魅力ある新商品を低価格で販売。先進国でも逆輸入してヒット。

先進国→新興国

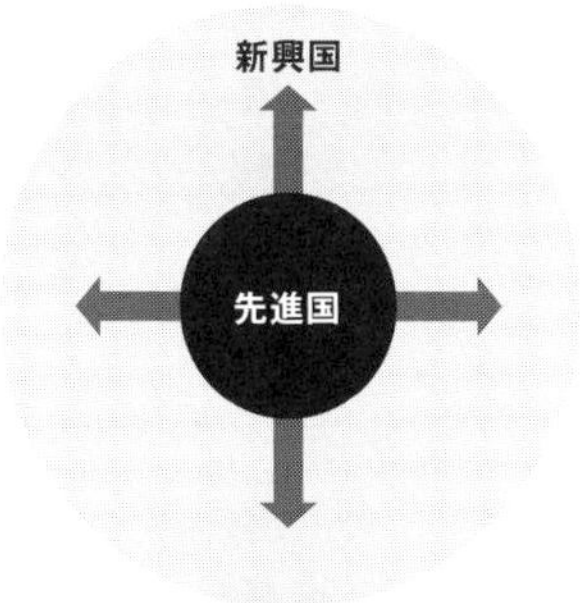

新興国市場
（マイクロ消費者のいるメガ市場）とのズレ

先進国の消費者に合わせた企画と価格では、社会条件が異なる新興国では売れず、グローバル企業の単なる思い込みは失敗に終わる。

新興国→先進国

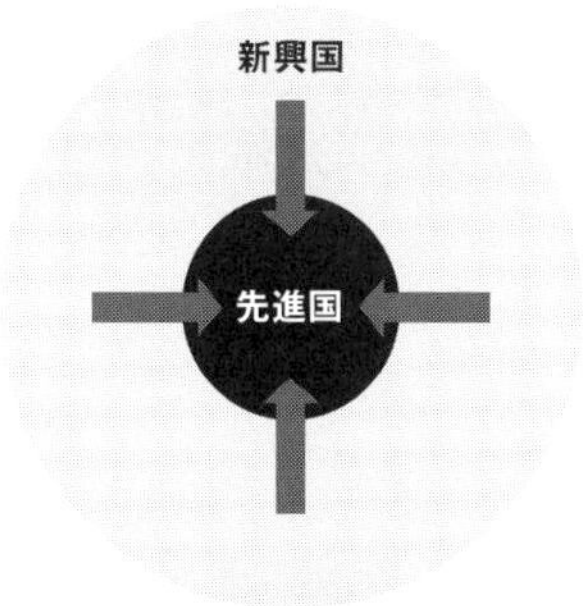

新興国市場の本当の
ニーズから始める

先進国製品の15%の価格、50%の性能など、まったく異なるコンセプトの新製品の開発で、世界35兆ドル市場でヒットする可能性がある。先進国でも新たな市場の発掘が期待できる。

ぐに売上の半分を欧州が占めました。上位機種と下位の機種が開発されたＭＡＣシリーズは、一万五〇〇〇台以上を売り上げるヒット商品となったのです。

惨敗から大成功へ、イノベーションを成功させた事例

『リバース・イノベーション』にある成功例をいくつかご紹介します。新興国市場向けの新しい製品が、時に先進国でも人気商品となっています。

リバース・イノベーション成功例

・ノキアは超低価格の携帯電話をつくり、一部のユーザーはわずか五ドル程度で買える。これによってノキアはインドで六〇％の市場シェアを獲得した。

・中国市場向けに、従来のわずか一五％の一万五〇〇〇ドルで小型超音波診断装置を発売したＧＥヘルスケアは、六年で売上高が四〇〇〇万ドルから二億七八〇〇万ドルに急増した。

・Ｐ＆Ｇは先進国で人気の生理用品「オールウェイズ」がメキシコでまったく売れず驚くが、現地ニーズに合わせた新製品でヒットを飛ばし、世界展開にも成功する。

・ロジテックは中国市場で五〇ドルのPC用マウスがまったく売れず、現地ニーズを再調査して一九・九九ドルの新製品を発売。一年以内で売上が一〇〇〇万ドルを突破。

いずれも先進国の製品を、性能を少し落として安くするグローカリゼーションではなく、まったく新しいコンセプトと新設計で生み出された新興国向けの製品です。

先進国市場の思い込みを「白紙」にして対応したことが、大勝利につながったのです。

戦略という存在の意味を示す「リバース・イノベーション」

GEというアメリカの巨大企業を中心に、リバース・イノベーションの概念が開発されたことは明確な意味があると思われます。GEという企業自身が新興企業の市場進出に、歴史上何度も煮え湯を飲まされ、悩まされていたであろうからです。

リバース・イノベーションとは市場の現象を、単に概念化（公式化）したものです。

古くは日本の自動車メーカーの一九六〇年代のアメリカ進出もそうですし、日本以降は、アジア新興国の企業が続々と米国市場に参入したことも同様です。

しかし、ゴビンダラジャンとGEがこの市場現象を概念化するまでは、時に偶然で起こる出来事であり、GEを含めたアメリカ企業は、その現象に受け身で耐えるだけでした。ところが、現象を概念化（公式）して自ら使えるようになると、それは戦略となり、GEを含めたグローバル企業が、未開拓の新興市場を制覇する武器となったのです。

古代兵法家の孫子は、「兵力が多いほうが勝つ」「兵に死力を尽くさせるほうが勝つ」と述べましたが、これは戦場の現象であって、孫子がルールを決めたわけではありません。

この世界の現象を、概念として活用できる形にしたものが戦略なのです。

ニュートンが公式化する前から、世界に重力は存在していました。ニュートンは単に、それをいろいろな現象に当てはめることが可能な、公式に組み立てただけです。

自然現象を物理法則として公式化するのが科学者ならば、戦略家は、社会現象を公式化して、ビジネスや戦争に使える形にする人たちのことを指しています。公式化される前は、単なる局所的な現象だったものを、戦略化することで格段に再現性が高まった武器として世界中で振り回すことができるようになるのです。

視点を白紙に戻して、巨大企業のリソースを新興国市場に活かす

過去の成功体験を元に新興国の市場を攻めるあいだは、ヒット商品は生まれません。思

い込みを「白紙」に戻して執念深く市場ニーズを追う、起業家的なチームを社内でつくり、権限を与えたことで、超低価格のプロジェクトは完遂できたのです。新興国の独自ニーズに謙虚になり、巨大企業のリソースを全力で注ぎ込んだから勝てたのです。

リバース・イノベーションの構造を理解するとき、アメリカ社会の戦略思想の凄み、恐ろしさも感じさせます。新興国で、その国の人に残された膨大な市場チャンスを、先進国の多国籍企業が根こそぎ獲得するという側面も持つからです。

一方、著者のゴビンダラジャンは、リバース・イノベーションに、最新技術を持つ多国籍企業が取り組むことは、世界の大多数を占める貧困国の人々に、より豊かで健康的な生活を与える社会変革になると考えています。ご本人は「三〇〇ドルの家」という超低価格住居のプロジェクトを推進しています。リバース・イノベーションこそが、収益性と貧困層の生活改善を両立させると確信しているのでしょう。

ゴビンダラジャン

一九四九年インド生まれ。ハーバード・ビジネススクールで博士号を取得。GEの元招聘教授兼チーフ・イノベーション・コンサルタント。戦略マネジメントとイノベーションの世界的権威。

30

アダプティブ戦略

各人が自律的な判断・行動をできるようにする

スティーブ・ヘッケル「適応力のマネジメント」

なぜ、セブンのバイトは売れ筋商品を予想できるのか？

勝ち続ける戦闘機パイロットの行動サイクルとは？

アメリカ空軍が空中戦闘で、勝ち残るパイロットと負けるパイロットの違いを研究したことがありました。ジョン・ボイド大佐は、特定の行動様式を素早くできるパイロット（機体）ほど空戦に有利である「ＯＯＤＡサイクル」を発見します（坂田哲也、八幡和彦訳『適応力のマネジメント』より）。

空戦におけるパイロットの情報処理

① Observation（環境からのシグナルを感知すること）

② Orientation（それらのシグナルを解釈すること）
③ Decision（可能な対応を選択すること）
④ Action（選択された対応を実行すること）
（※イニシャルを取ってOODAサイクルと呼ばれる）

ところが、一九五〇年代のジェット・エンジン技術の進歩で、パイロットは深刻な問題に直面します。一夜にして戦闘機の速度が劇的に向上したため、すべてのパイロットの反応時間が遅すぎるものになり、過去の技能では操縦できなくなったのです。

この問題はコンピューターによる計器表示の進歩で解決されました。必要不可欠な情報だけを選択してパイロットの眼前に表示するシステムと、反応としての操縦行動を単純化して、ソフトウエアによる機体制御が行われる仕組みです。

高速で変化する状況に適切に対処するため、操縦システム自体が刷新されたのです。

環境変化のスピードに、経営判断が追いつかない現代

ニューヨーク市郊外のIBMパリセーズ研修センターでは、多くの経営幹部に「あなた

の組織は、今後一〇年間にどのような変化に遭遇すると思うか」とのアンケートを取ったところ、「不連続な変化に直面する」という回答が四分の三以上を占めました。

企業の経営幹部は不連続な変化が「連続して起こる」時代を迎えていることを実感、不安視しており、どんな手を打つべきなのか模索をしているのです。

「一寸先に何が待ち受けているのか予想もつかない危険な水路に漕ぎ出すために、我々は何をめざし、どのような手を打つべきなのか」（同書より）

この解決策として提示されたのが「センス&レスポンド」のコンセプトです。顧客の要望を感知し（センス）、リアルタイムで対応する（レスポンド）一連の行動を意味します。

一方、対極に位置する考え方を、『適応力のマネジメント』では「メイク&セル」として工業化社会の仕組みと紹介していますが、二つを比較してみます。

メイク&セル

変化が予測可能という前提で、計画されたことを「効率的に行う」ことを目標とする。

センス&レスポンド

変化が予測不可能という前提に立ち、目の前の状況に「適応すること」を目標とする「センス&レスポンド」企業の概念は、元IBMの戦略研究者スティーブ・ヘッケルによるものです。ヘッケルは一九九九年に書籍『Adaptive Enterprise』(日本語版の書名は『適応力のマネジメント』)を出版、この概念の火付け役となりました。

バスは顧客の行きたい先が変更されると、選択から外されてしまう

ヘッケルは「メイク&セル」と「センス&レスポンド」の違いを、計画されたルートをひたすら運行するバス会社と、乗客の要望に応えるタクシーの違いに例えています。

バスは、顧客の行きたい先が変更されると、選択から外れます。しかし、タクシーは顧客が行先を変えても何の問題もありません。彼らは計画を実行するのではなく「要求にこたえていく適応型のシステム」だからです。逆に言えばセンス&レスポンド企業は、顧客に「どこへ行きたいか」を決めてもらう必要があります。

バスの運転手に与えられているのは、固定された運行ルートですが、タクシーの運転手

には「要望に応えて自由に走ることができる車両」が与えられています。

企業は計画の実行を目的とするより、タクシーのように目の前の顧客が行きたい場所に連れていく、適応力が求められている、というのがヘッケルの主張です。

では、適応力のある組織＝アダプティブな企業になるため、経営者やリーダーは、組織に何を与える必要があるのでしょうか。

センス&レスポンドを実現する三つの枠組み

目の前の顧客の要望を捉えて動く。言葉は簡単ですが、実行は簡単ではありません。タクシーの運転手が乗客の要望に柔軟に応えられるのは、行先以外の要素が適切に決定されているからです。『適応力のマネジメント』では〝行動のためのコンテキスト〟という言葉が出てきますが、組織内の一人ひとりを「センス&レスポンド」の概念に合わせて適切な行動へ導くには自律性が必要であり、その自律性を持たせる決定事項と考えることができるでしょう。

組織を適切な行動に導く要素

存在理由　その企業が存在していている理由。何を主な業務としてどんな価値を提供するのか

統治原則　何を実現したときに、評価をされるのか、逆に評価されない行動は何か

ネットワーク組織設計　各部署は全体の中でどんな仕事を担当しているのか。それは別部署とどんな関係にあるか

タクシー会社ならば「存在理由」は、お客様の移動のニーズに臨機応変に応えることです。「統治原則」は売上を最大化しながら、自社のタクシーブランドへのファンや好感度を上げること。「ネットワーク組織設計」なら、ドライバーと車両整備、出勤管理などの各部門が、役割をそれぞれ分担してサポートし合うことです。

三つの要素は「自律的なセンス&レスポンド」の、いわばガイドラインとなるのです。

センス&レスポンドを実行するセブン-イレブンの仕組み

アダプティブ（適応力）企業として、ヘッケルの書籍には出てきませんが、コンビニ店舗のセブン - イレブンの仕組みは参考になると思われます。

セブン‐イレブンでは、各地域の明日の天気、特有のイベントやこれまでの売上の傾向などから、店舗担当者が独自判断で仕入れの調整をできるからです。

「発注分担といって、パートタイマーもアルバイトも担当商品ごとに明日の売れ筋商品について仮説を立て、発注し、結果をＰＯＳ（販売時点情報管理）データで検証する」（勝見明著『なぜ、セブンでバイトをすると3か月で経営学を語れるのか？』より）

売れ筋を現場アルバイトが予測して、ＰＯＳデータで仮説を検証しながら翌日の商品発注を決めるのは、センス&レスポンドの概念に近い行為と言えるでしょう。

しかし、セブン‐イレブンの会長兼ＣＥＯである鈴木敏文氏は、次の指摘もしています。

「ＰＯＳシステムについていちばん誤解されやすいのは、ＰＯＳが出した売り上げランキングの結果をもとに発注するものと考えられているところです（中略）。『明日の顧客』のニーズ、明日の売れ筋は人間が仮説を立てて探るものであり、ＰＯＳは基本的には仮説が正しかったかどうかを検証し、次の仮説へとつなげていくためのものなのです」（鈴木敏文著『売る力』より）

セブン-イレブンは、売れ筋商品の「仮説」をまず行い、結果に対して的確な「センス&レスポンド」を実施しています。これは「商品企画」と「接客販売」の二つの段階を切り離して考えるとより明確です。商品企画にはわずかでも必ず仮説が含まれ、接客販売では目の前の顧客に正しく反応することが常に求められているからです。

「顧客に言われてからつくる」場合でさえ、ある種の仮説が伴い、メニューに顧客の要望に近いものがあれば、顧客側は複雑な要望を言葉にする手間を省けます。これはメニューが一切ないレストランで、ランチを頼むことを考えればわかりやすいです。私たちはお昼に食べたいメニューを、白紙の状態から正確にお店で注文できるでしょうか?

仮説とセンス&レスポンドは相互に出現する存在

本書の判断ですが「センス&レスポンド」を実施する会社を「アダプティブ企業」と呼ぶとしても、アダプティブ（適応する）を戦略とする企業は、その概念を会社のどの部分で実施して、どの部分で使わないかの境界線を正しく理解する必要があると思います。

タクシーの例も、運転手の「自律的な運行」を可能にする企業のシステムとは別に、各運転手は当日の売上が最大になるよう、車を流すルートを独自の勘で組み立てています。

そこには仮説があり、運転手のルート仮説と私たちがいる場所が一致したとき、乗客は街でタクシーに乗り込むのです。純粋なセンス&レスポンドは、乗客側が予め電話予約で「迎車」を依頼するケースのみです。その比率は「運転手の仮説+乗客のニーズ」が圧倒的に多く、「純粋な迎車依頼へのレスポンド」は少ないはずです。

タクシーの事例は、各運転手の「仮説」ではカバーできないニーズが発生したとき、「センス&レスポンド」をできる電話予約というシステムを介して、「仮説の漏れ」を拾い上げている構造だといえます。

これは商品企画部に自律性を与えて、新たな企画アイデアを出させて(仮説)、販売店の接客現場では臨機応変に対応させることに似ています。仮説とセンス&レスポンドは交互に出現しており、「センス&レスポンド」は「仮説」がカバーできないニーズを拾う、あるいは仮説のリスクを軽減する役割を担っていると思われるのです。

仮説のリスクを低減できれば、最大限の可能性を広く追求できる

全体を俯瞰すると「アダプティブ(適応力のある)」戦略とは、企業の「仮説」が必ず

しも当たらないことをリスクにしないための概念だとわかります。

自動車という一台の製品は（消費者が買いたくなるであろう性能の）仮説の塊ですが、「タイムベース競争戦略」で解説したように「購入者が色を選んでから」組み立てを始めた場合、売れる色を予測して在庫を製造しておくリスク（コスト）を避けることが可能です。「センス＆レスポンド」が仮説を不要にする概念と考えるのではなく、優れた仮説は常に追求する価値がある一方で、「仮説の当否確率」をリスクにしないアプローチとして「センス＆レスポンド」の概念を活用すべきなのです（その意味でセブン‐イレブンで前日の仮説の〝検証〟をPOSで行う行為こそアダプティブな行動だと判断できます。仮説のリスクを減らしていく効果があるからです）。

この視点から「アダプティブ企業」の戦略をまとめてみましょう。

・仮説のリスクを低減させる仕組み
・リスクが低いことで、仮説で広く可能性の追求ができる

「仮説の当否確率」がリスクにつながらない場合、仮説を立てる側は大胆に、最大限広く仮説の可能性を追求できます。仮説が外れてもリカバリーできるためです。

アダプティブ戦略は「仮説を立てずにまずやってみる」と誤解されることがありますが、コンセプトの構造を分析していくと「仮説による可能性の広い追求」と「仮説が外れたときのリスク回避」を両立させる考え方だといえます。

自動車のカタログに「美しい特別色」を何種類も掲載しながら、在庫はゼロで注文があるたびに工場で組み立てるならば、仮説によるニーズ拡大と「注文というリアルタイム情報」を合わせて、多色の在庫リスクを避けることができるからです。

スティーブ・ヘッケル

ワシントン大学でＭＢＡを取得後、ＩＢＭに勤務。一九九三年に共著論文『Managing by Wire』を発表。「センス&レスポンド」概念の生みの親となる。現在は幹部教育を行う企業の代表。

おわりに

戦場の突破口を見つけ、未来への扉をこじ開けるために

人類三〇〇〇年の歴史から、重要な戦略を紐解くとき、そこには、多くの時代で突破口を探し当てた人たちの物語がありました。

当たり前ですが、それは簡単に成し遂げられたものではありません。戦場の突破口を見つけ、ビジネスの突破口を見つけるため、彼らは執念を燃やし、熟慮し、歴史を振り返り、果敢に決断をしたのです。

彼らの物語から学ぶべき、最後のピースがあります。それを本書は、「壁は乗り越えることができる」という固い信念だと考えます。戦略の英知を知るとき、私たちの乗り越える力は確実に向上しているはずなのです。

アレクサンダー大王は、戦場でも歴史書『イリアス』を枕元に置いていた

紀元前三世紀に、巨大帝国をつくったアレクサンダー大王。彼は歴史叙事詩『イリアス』の書を、戦場でも常に枕元に置いて生活したそうです。

トロイア戦争を記した同書を、大王は「最高の軍事戦略書だ」と考えていたのです。アレクサンダー大王ほどの人にさえ、歴史は最高の教科書だったのです。

人類の歴史は私たちに、身近にない大きな可能性を教えてくれます。優れた戦略は私たちに、日常で出会うことのないアイデアを授けてくれます。英雄と戦略家の生涯は、人生にある無限の可能性を伝えてくれるのです。

私たちは、壁を意識しない限り閉塞感を感じません。ところが、現在の日本と世界は、閉塞感の塊のような空気が漂います。多くの壁を、私たちが強く感じている証拠だといえるでしょう。

歴史は振り返ったとき、すべてが当たり前に見えるものです。しかし、そのさなかにある者たちは、突破口を血眼で探し、新たな可能性に全力で殺到したのです。その連続が、歴史という人間の物語をつくり上げてきたのです。

いまの時代、歴史と戦略の二つが最強の武器となる

いま、歴史を学ぶ意味が強くなっていると本書のはじめにで述べました。

先行きの見えない時代に差しかかり、未来を探す手がかりとして、暗く不安定な足元を照らす光として、人類の歴史に英知を求めているからでしょう。

人間の本質は、太古から変わらないままに、時代は歩みを止めることなく、最新の未来世界に飛び込み続けています。

晴れた日に、傘を持ち歩く人はほとんどいません。乗り越えるべき壁がなければ、人は道具なしに生活も可能でしょう。

歴史や古典への大きな回帰は、次の時代へ歩む武器を探す行為かもしれません。

歴史は人間の英知としての、生き方の武器といえるものです。

戦略は人間が直面する壁を越える、思考の武器といえるのです。

私たちは人類が持つ、最も重要な二つの武器をいま、磨き始めているのです。これから乗り越えていく何かの、壁の高さを無意識に感じているからではないでしょうか。

このようなとき、必要な武器を身につけながら、歩み続けることが大切です。日常の些

細なこと、ビジネスの新たな展開で壁を乗り越えることもあるはずです。あるいはもっと大きな、社会や人類全体に関する壁かもしれません。

三〇〇〇年の戦略の歴史を振り返る、本書の執筆を許可いただきました、株式会社ダイヤモンド社に、この場をお借りして深くお礼申し上げます。

また、編集担当の市川有人様には、前二作の「超」入門シリーズ同様、多くの洞察をいただき、長編となった本書を完成させることができたことを申し添えておきます。

難しい時代こそ、壁を乗り越える行動に執念を燃やし、突破口を探し続けることです。あなたがつくった小さな突破口は、やがて大きな未来への扉になるのですから。

新たな未来を切り拓くために、歴史と戦略を武器に歩む、すべての読者のみなさんの勝利の力となるよう、本書を書き上げました。

本書が、みなさんの『イリアス』となることを心から祈っています。

二〇一四年七月

鈴木博毅

参考文献

■『中国の思想 孫子・呉氏』村山孚訳（徳間書店）
■『プルターク英雄伝』プルターク著／鶴見裕輔訳（潮出版社）
■『図説 アレクサンドロス大王』森谷公俊著（河出書新社）
■『アレクサンダー大王・未完の世界帝国』ピエール・ブリアン著／福田素子・桜井万里子訳（創元社）
■『アレクサンドロス大王』ピエール・ブリアン著／田村孝訳（白水社）
■『アレクサンドロス大王』パーサ・ボース著／鈴木主税・東郷えりか訳（ホーム社）
■『新訳・君主論』ニッコロ・マキアヴェリ著／池田廉訳（中央公論社）
■『90分でわかるマキアヴェリ』ポール・ストラザーン著／浅見昇吾訳（青山出版社）
■『ナポレオン戦争全史』松村劭著（原書房）
■『戦闘技術の歴史4 ナポレオンの時代編』ロバート・B・ブルース、イアン・ディッキー、ケヴィン・キーリー、マイケル・F・パヴコヴィック、フレデリック・C・シュネイ著／浅野明（監修）／野下祥子訳（創元社）
■『図解雑学 フランス革命』安達正勝著（ナツメ社）
■『ナポレオン年代記』J・P・ベルト著／瓜生洋一、長谷川光一、横山謙一、新倉修、松嶌明男訳（日本評論社）
■『クラウゼヴィッツ兵法』大橋武夫（マネジメント社）
■『戦争論（上）（下）』クラウゼヴィッツ著／篠田英雄訳（岩波書店）
■『リデルハート戦略論（上）（下）』B・H・リデルハート著／市川良一訳（原書房）
■『戦略の形成（上）（下）』ウィリアムソン・マーレー、アルヴィン・バーンスタイン、マクレガー・ノックス著／石津朋之、永末聡、歴史と戦争研究会訳（中央公論新社）
■『軍事革命とRMAの戦略史』マクレガー・ノックス、ウィリアムソン・マーレー著／今村伸哉訳（芙蓉書房出版）
■『［新訳］科学的管理法』フレデリック・W・テイラー著／有賀裕子訳（ダイヤモンド社）
■『トヨタ生産方式』大野耐一著（ダイヤモンド社）
■『タイムベース競争戦略』ジョージ・ストークJr.・トーマス・M・ハウト著／中辻万治、川口恵一訳（ダイヤモンド社）
■『タイムベース競争』ボストン・コンサルティング・グループ（プレジデント社）
■『知識創造企業』野中郁次郎、竹内弘高著／梅本勝博訳（東洋経済新報社）
■『エクセレント・カンパニー』トム・ピーターズ、ロバート・ウォーターマン著／大前研一訳（英治出版）
■『ビジョナリー・カンパニー』ジム・コリンズ、ジェリー・I・ポラス著／山岡洋一訳（日経BP社）
■『エクセレントな仕事人になれ！』トム・ピーターズ著／杉浦茂樹訳（阪急コミュニケーションズ）
■『経営者の条件』P・F・ドラッカー／上田淳生訳（ダイヤモンド社）
■『マネジメント［エッセンシャル版］』P・F・ドラッカー／上田淳生訳（ダイヤモンド社）
■『ランチェスター販売戦略（1）』田岡信夫著（ビジネス社）
■『［新訂］競争の戦略』M・E・ポーター著／土岐坤、服部照夫、中辻万治訳（ダイヤモンド社）
■『ブルー・オーシャン戦略』W・チャン・キム、レネ・モボルニュ著／有賀裕子訳（ダイヤモンド社）
■『戦略は組織に従う』アルフレッド・D・チャンドラーJr.著／有賀裕子訳（ダイヤモンド社）
■『戦略サファリ』ヘンリー・ミンツバーグ、ジョセフ・ランペル、ブルース・アルストランド著／斎藤嘉則、奥沢朋美、木村充、山口あけも訳（東洋経済新報社）
■『H・ミンツバーグ経営論』ヘンリー・ミンツバーグ著／DIAMONDハーバード・ビジネスレビュー編集部編訳（ダイヤモンド社）
■『経営の未来』ゲイリー・ハメル、ビル・ブリーン／藤井清美訳（日本経済新聞出版社）
■『コア・コンピタンス経営』ゲイリー ハメル、C・K・プラハラード著／一條和生訳（日本経済新聞社）
■『経営戦略の巨人たち』ウォルター・キーチェル三世／藤井清美訳（日本経済新聞出版社）
■『マッキンゼー現代の経営戦略』大前研一（プレジデント社）
■『マッキンゼー』ダフ・マクドナルド著／日暮雅通訳（ダイヤモンド社）
■『仮説思考』内田和成著（東洋経済新報社）
■『「戦略」大全』マックス・マキューン著、児島修訳（大和書房）
■『コトラー&ケラーのマーケティング・マネジメント 基本編』フィリップ・コトラー、ケビン・レーン・ケラー著／恩藏直人監修／月谷真紀訳（ピアソン・エデュケーション）
■『コトラーの戦略的マーケティング』フィリップ・コトラー著／木村達也訳（ダイヤモンド社）
■『経済発展の理論（上）（下）』J・A・シュムペーター著／塩野谷祐一、東畑精一、中山伊知郎訳（岩波書店）
■『いまこそ、ケインズとシュンペーターに学べ』吉川洋著（ダイヤモンド社）
■『パラダイムの魔力』ジョエル・バーカー著／内田和成（序文）／仁平和夫訳（日経BP社）
■『イノベーションのジレンマ』クレイトン・クリステンセン著／玉田俊平太（監修）／伊豆原弓訳（翔泳社）
■『イノベーションのDNA』クレイトン・クリステンセン、ジェフリー・ダイアー、ハル・グレガーセン著／櫻井祐子訳（翔泳社）
■『プラットフォーム・リーダーシップ』アナベル・ガワー、マイケル・A・クスマノ著／小林敏男訳（有斐閣）
■『プラットフォームビジネス最前線』富士通総研編著、早稲田大学ビジネススクール根来研究室編著、根来龍之（監修）（翔泳社）
■『ビル・ゲイツ』ジェームズ・ウォレス、ジム・エリクソン著／奥野卓司訳、SE編集部訳（翔泳社）
■『インテル戦略転換』アンドリュー・S・グローブ著／佐々木かをり訳（七賢出版）
■『リバース・イノベーション』ビジャイ・ゴビンダラジャン、クリス・トリンブル著／小林喜一郎（解説）／渡部典子訳（ダイヤモンド社）
■『適応力のマネジメント』スティーブ・ヘッケル著／坂田哲也、八幡和彦訳（ダイヤモンド社）
■『なぜ、セブンでバイトをすると3か月で経営学を語れるのか？』勝見明著（プレジデント社）

[著者]
鈴木博毅（すずき・ひろき）
1972年生まれ。慶応義塾大学総合政策学部卒。ビジネス戦略、組織論、マーケティングコンサルタント。MPS Consulting代表。貿易商社にてカナダ・豪州の資源輸入業務に従事。その後国内コンサルティング会社に勤務し、2001年に独立。戦略論や企業史を分析し、新たなイノベーションのヒントを探ることをライフワークとしている。多数の企業の戦略策定と変革に携わり、顧問先には顧客満足度ランキングでなみいる大企業を抑えて1位を獲得した企業や、特定業界で国内シェアNo.1の企業など成功事例多数。
日本的組織論の名著『失敗の本質』をわかりやすく現代ビジネスマン向けにエッセンス化した『「超」入門 失敗の本質』（ダイヤモンド社）は、戦略とイノベーションの構造を新たな切り口で学べる書籍として14万部を超えるベストセラーとなる。その他の著書に『企業変革入門』『ガンダムが教えてくれたこと』『シャアに学ぶ逆境に克つ仕事術』（すべて日本実業出版社）、『空気を変えて思いどおりに人を動かす方法』（マガジンハウス社）などがある。

古代から現代まで2時間で学ぶ **戦略の教室**

2014年8月28日　第1刷発行
2015年1月15日　第6刷発行

著　者――鈴木博毅
発行所――ダイヤモンド社
〒150-8409　東京都渋谷区神宮前6-12-17
http://www.diamond.co.jp/
電話／03·5778·7232（編集）　03·5778·7240（販売）
装丁――鈴木大輔（ソウルデザイン）
本文デザイン―小林麻実（TYPEFACE）
イラスト――須山奈津希（ぽるか）
製作進行――ダイヤモンド・グラフィック社
印刷――堀内印刷所（本文）・加藤文明社（カバー）
製本――宮本製本所
編集担当――市川有人

ISBN 978-4-478-02712-7